SILKE HEIMES

SCHREIB DICH ZUM GLÜCK

V&R SELF

Für Sven

Bibliografische Information der Deutschen Nationalbibliothek:
Die Deutsche Nationalbibliothek verzeichnet diese Publikation in der Deutschen Nationalbibliografie; detaillierte bibliografische Daten sind im Internet über http://dnb.de abrufbar.

Innengestaltung nach einem Entwurf von Hagen Verleger, Berlin
Umschlaggestaltung: SchwabScantechnik, Göttingen, nach einem Entwurf von Hagen Verleger
Satz: SchwabScantechnik, Göttingen
Druck: BELTZ Grafische Betriebe GmbH, Bad Langensalza
Printed in the EU

Vandenhoeck & Ruprecht Verlage | www.vandenhoeck-ruprecht-verlage.com

ISSN 2750-6568
ISBN 978-3-525-30283-5

Inhalt

»Jeder hat sein eigen Glück unter den Händen, wie der Künstler die rohe Materie, die er zu einer Gestalt umbilden will. Aber es ist mit dieser Kunst wie mit allen; nur die Fähigkeit dazu wird uns angeboren, sie will gelernt und sorgfältig ausgeübt sein.«[1]

(Johann Wolfgang von Goethe, 1749–1832, deutscher Dichter)

Einleitung

Wie finde ich heraus, was mich glücklich macht, und wie kann ich mein Leben so gestalten, dass ich dieses Glück erfahre? Obwohl diese Frage uns wahrscheinlich alle umtreibt und schon zahlreiche Generationen vor uns überall auf der Welt beschäftigt hat, dürften die Antworten sehr individuell ausfallen und manchmal sogar nur temporär sein. Mit fünf Jahren macht uns wahrscheinlich etwas anderes glücklich als mit fünfzig. Obwohl es vielleicht auch Dinge gibt, die uns als Kind glücklich gemacht haben und es heute noch tun, wie ein Lächeln, eine liebevolle Geste oder Zeit, die wir mit geliebten Menschen verbringen.

So individuell das Glück auch sein mag, wird es ebenfalls Dinge geben, die viele von uns glücklich machen, wie ein sicheres und geborgenes Zuhause, Menschen, die sich um uns kümmern, eine erfüllende und sinnstiftende Tätigkeit, ausreichend zu essen. Vermutlich erfreuen sich auch viele von uns am Anblick eines Schmetterlings, einer bunten Blume oder eines Regenbogens.

Spätestens bei dieser Aufzählung dürfte klar sein, dass es unterschiedliche Formen vom Glück gibt: das Glück des Augenblicks, ein dauerhaftes Lebensglück, das Zufallsglück, ein Sinnenglück, ein Wohlfühlglück und jedes Glück, das Ihnen jetzt gerade einfällt und Ihnen vielleicht schon widerfahren ist oder in Zukunft begegnen wird.

In jedem Fall halte ich es für ein großes Glück, dass Sie zu diesem Buch gegriffen oder es geschenkt bekommen haben. Ebenfalls als großes Glück empfinde ich, dass Sie sich fürs Schreiben interessieren und es unter

Umständen sogar schon seit längerer Zeit tun. Denn bereits das Schreiben über schöne Augenblicke stimuliert unser Gehirn und kann uns glücklich machen.[2]

Wie ist es denn aktuell um Ihr Glücksbarometer bestellt? Da Sie zu diesem Buch gegriffen habe, schlussfolgere ich, dass eine Schönwetterperiode schon etwas länger ausgeblieben ist. Damit Sie feststellen können, dass sich daran allein durch die Beschäftigung mit dem Glück etwas verändert, finden Sie hinten im Buch einen Test (»The Satisfaction with Life Scale«, S. 202 ff.), der Ihr persönliches Glücksempfinden erfasst. Es bietet sich an, diesen Test zweimal zu machen: das erste Mal jetzt, vor der Lektüre, und dann ein zweites Mal, nachdem Sie das Buch beendet haben.

Wir werden in diesem Buch das Glück gemeinsam aus vielen Perspektiven betrachten, es einsammeln, wo es sich uns anbietet; es aus den Winkeln locken, in denen es sich versteckt. Gemeinsam werden wir das Glück schreibend suchen, herausfordern, umkreisen und immer wieder in unser Leben einladen, um immer mehr glückliche Momente ganz bewusst wahrzunehmen.

Ich stelle mir das Glück wie eine Patchworkdecke vor: Je mehr lebendige und glückliche Stoffstücke ich in die Decke nähe, umso bunter und glücklicher wird mein Leben. Und wenn das arabische Sprichwort *»Glück besteht in der Kunst, sich nicht zu ärgern, dass der Rosenstrauch Dornen trägt, sondern sich zu freuen, dass der Dornenstrauch Rosen trägt«* stimmt, wird mir das auch gelingen, weil ich mit meiner Sichtweise zu meinem Glück beitragen kann.

Bestimmt kennen Sie die Redewendung *»Jeder ist seines Glückes Schmied«*. Darin steckt für mich nicht nur die Aufforderung, sein Leben und Glück selbst in die Hand zu nehmen, sondern zugleich das Vertrauen, dass wir dazu in der Lage sind.

Ob und wie es uns gelingt, glücklich zu sein, hängt von zahlreichen Faktoren ab, unter anderem von unserer Sozialisation. Leider gibt es ganze Generationen, denen schon früh beigebracht wurde, dass man sich das Glück hart erarbeiten oder sich des Glückes würdig erweisen muss. Das führt zwangsläufig dazu, dass wir uns immer wieder fragen, ob wir genug für unser Glück getan, ob wir es verdient haben. Ob wir es wert sind, glücklich zu sein. Hier die gute Nachricht: Sie haben alles Glück der Welt verdient! Einfach so, ohne dass Sie sich dafür anstrengen oder großartige Leistungen vollbringen müssen. Einfach, weil es Sie gibt und Sie sind, wie Sie sind.

Ich selbst bin mit der Annahme großgeworden, Hedonismus sei etwas Verwerfliches, bis ich für dieses Buch eingehend recherchiert und festgestellt habe, dass es sich dabei um eine philosophische Strömung handelt, in der es um ein erfülltes Leben im Hier und Jetzt geht. Nun denke ich nicht mehr, dass Hedonismus schlecht ist, sondern vielmehr, dass wir alle viel hedonistischer sein sollten, um im Hier und Jetzt glücklich zu werden. Was genau es mit dem Hedonismus auf sich hat, lesen Sie in Kapitel I.

Weitere Fragen und Themen, die uns beschäftigen werden, drehen sich darum, was Glück ist und wer darüber entscheidet, was uns glücklich macht. Freunde, Nachbarn oder Fremde, die uns vermitteln, dass wir glücklich sein müssten, weil wir vermeintlich alles haben, was wir brauchen? Oder der Happy Planet Index, der in der Forschung verwendet wird und bei dem Geld und Wohlstand eine große Rolle spielen?

Ohne spoilern zu wollen, sei hier schon einmal angemerkt, dass Geld nur insoweit glücklich macht, wie wir es für unsere Existenzsicherung brauchen. Lottospieler sind zwei Jahre nach ihrem Gewinn nicht glücklicher als vorher und Studierende, die Geld finden, sind ebenfalls nur kurz zufriedener als ihre Kommilitonen, die keines gefunden haben.[3]

Während der Begriff des Glücks und die damit verbundenen Vorstellungen und Ideen einem zeitlichen Wandel unterliegen, scheint das Streben danach alle Zeiten zu überdauern. In den USA wurde bereits 1776 *»The Pursuit of Happiness«* in der Unabhängigkeitserklärung festgehalten und in Bhutan wurde 2008 das Bruttonationalglück in der Verfassung verankert. Einen ähnlichen Weg gingen Ecuador und Bolivien, die das indigene Prinzip eines guten Lebens *(sumak kawsay)* in ihre Verfassungen aufnahmen. Und in Deutschland wurde immerhin im Bundestag eine Kommission eingerichtet, die nach einer neuen Messzahl für Wohlstand und Fortschritt jenseits von Wachstum und Bruttosozialprodukt suchen soll.

Neben der Frage nach dem Einfluss, den Geld auf unser Glück hat, werden wir uns mit unterschiedlichen Weisheiten und Philosophien beschäftigen, mit dem Glück des Denkens ebenso wie mit dem der Faulheit. Schreibend denken wir darüber nach, was Gewohnheiten zu unserem Lebensglück beitragen und wie viel Veränderung es braucht, um glücklich zu bleiben. Wir sehen uns an, was geteiltes Glück mit uns macht und was Glück in unserem Körper und Geist auslöst. Wir fragen uns, warum Kinder die perfekten Glückssucher sind und welche Bedeutung ein selbstbestimmtes Leben für unser Wohlbefinden hat.

Schreibend und staunend halten wir die Augen offen und suchen und finden unser Glück überall. Gerade jetzt, auf dem Weg zu meinem Lieblingscafé, in dem ich schreibe, habe ich einen Cent gefunden. Obwohl ich nicht sicher bin, ob der noch genauso viel Glück bringt wie ehedem der Pfennig, will ich das gern glauben. Und das allein macht mich glücklich und offen für weiteres Glück, sodass ich beim Betreten des Cafés lächele, woraufhin die Bedienung zurücklächelt und wir beide einen Glücksmoment teilen.

Um möglichen Missverständnissen vorzubeugen: Hier geht es nicht darum, die Dinge auf Teufel komm raus positiv zu sehen und Schwieriges auszublenden, sondern um ein *Sowohl-als-auch,* ein *Trotzdem* und ein *Dennoch.* Es geht darum, dass wir alle sowohl Glück als auch Unglück erfahren und es gut ist, das Glück ebenso in unser Leben zu lassen wie das Unglück, indem wir uns darin üben, gute Augenblicke zu sammeln, um schwere Zeiten besser zu überstehen. Wie die kleine Feldmaus in dem Kinderbuch »Frederick«[4], die im Sommer Sonnenstrahlen, Farben und Wörter als Vorräte für kalte, graue Wintertage sammelt.

Das Stiftsymbol, das Sie durch das Buch leitet, soll Ihnen als Schreibimpuls dienen. Immer wenn es auftaucht, sind Sie herzlich eingeladen, sich schreibend mit den Themen und Fragen auseinanderzusetzen, um die es in dem jeweiligen Abschnitt geht. Sie können das Buch chronologisch durchgehen und die Übungen in der Reihenfolge durchführen, in der sie Ihnen begegnen, oder Sie springen zu den Kapiteln, die Sie aktuell am meisten interessieren, und finden eine für Sie passende Reihenfolge.

Sie können alle Übungen zu jedem Zeitpunkt machen und so oft wiederholen, wie Sie mögen. Selbstverständlich können Sie auch Übungen weglassen. Wichtig ist mir zu betonen, dass Sie nichts müssen, aber alles dürfen. Bitte entwickeln Sie nicht den Ehrgeiz, alle Übungen absolvieren zu müssen. Vertrauen Sie darauf, dass durch die Beschäftigung mit dem Buch und den Fragen automatisch etwas in Ihnen in Bewegung kommt – selbst dann, wenn Sie keine einzige Zeile schreiben.

Vielleicht haben Sie auch Lust darauf, Übungen zusammen mit anderen durchzuführen und sich über Ihre Texte, Gedanken und Gefühle auszutauschen. Am besten sammeln Sie Ihre Texte und versehen Sie mit einem Datum, sodass Sie alles jederzeit nachlesen können. Das ermöglicht es Ihnen, mit zeitlicher Distanz über bestimmte Dinge noch einmal nachzudenken und Ihre Gedanken und Gefühle zu ergänzen und zu variieren. Bewahren Sie Ihren Textschatz, der zugleich eine Sammlung von Anregungen dafür ist, was Sie benötigen, um glücklich zu sein, sowohl im Hier und Jetzt als auch auf lange Sicht. Falls Sie bei Ihrer Suche nach dem persönlichen Glück gern in einem strengeren Rahmen agieren, der Halt, Struktur und Reflexionsmomente einräumt, ist das *Glückstagebuch* am Ende des Buchs (S. 181 ff.) eine zusätzliche Hilfestellung. Es begleitet die Suche nach Ihren individuellen Glücksfaktoren über sieben Wochen bis zur Umsetzung im Alltag und fördert nachhaltige Veränderung.

Ich möchte Sie einladen, Ihre persönliche Reise zum Glück so zu gestalten, dass diese für Sie stimmig wird. Es gibt keine allgemeingültige Gebrauchsanweisung für das Glück oder die Suche danach. Entscheidend ist, was Sie denken, fühlen und empfinden und dass Sie sich auf die Suche nach Ihrer ganz persönlichen *Glücksformel* machen, die sich im Lauf Ihres Lebens auch verändern kann. Die gute Nachricht ist: Wenn Sie einmal in der Lage waren, Glück zu empfinden, können Sie das jederzeit wieder. Ich wünsche Ihnen viele glückliche Momente, wichtige Erkenntnisse und viel Spaß auf Ihrer Entdeckungs- und Schreibreise. Alles erdenklich Gute und viel Glück!

Ihre

I

WAS IST GLÜCK ÜBERHAUPT?

»Da es sehr förderlich für die Gesundheit ist, habe ich beschlossen, glücklich zu sein.«[5]

(Voltaire, 1694–1778, französischer Schriftsteller und Philosoph)

Wie in der Einleitung bereits angemerkt, gibt es keine einheitliche oder verbindliche Definition für das Glück. Bevor wir uns aber auf die Suche danach begeben, wollen wir dennoch einen Versuch unternehmen, herauszufinden, was Sie persönlich unter Glück verstehen. Denn je genauer Sie wissen, nach was Sie überhaupt suchen und um was es Ihnen genau geht, umso leichter wird es Ihnen fallen, danach zu streben und es zu erreichen. Nur wenn Sie eine Idee haben, was Glück für Sie bedeutet, und ahnen oder wissen, was Sie glücklich macht, können Sie sich darum bemühen, Ihr Leben so zu gestalten, dass Sie glücklich werden.

Um Ihnen die Beschäftigung mit dem Begriff zu erleichtern, bekommen Sie in den nächsten Kapiteln einige Impulse für Ihre Überlegungen, wobei ich betonen möchte, dass es vor allem darum geht, was Sie selbst denken und fühlen. Deswegen werden Sie bereits in den nächsten Abschnitten ausreichend Gelegenheit zum Schreiben, Denken und Fühlen bekommen. Auch an dieser Stelle sei noch einmal angemerkt, dass Sie nicht alle Übungen machen müssen. In dem Buch geht es nicht darum, irgendeine Leistung zu erbringen, sondern es geht um Sie, Ihre Erkenntnisse, Ihr Wohlbefinden und Ihr Glück. Also verlegen Sie sich darauf, die Übungen zu machen, auf die Sie Lust haben und die Sie ansprechen.

Erste Ideen zu Ihrem Glück

»Gott, was ist Glück? Eine Grießsuppe, eine Schlafstelle und keine körperlichen Schmerzen, das ist schon viel.«[6]

(Theodor Fontane, 1819–1898, deutscher Schriftsteller und Apotheker)

Bevor wir uns mit dem Begriff des Glücks und verschiedenen Definitionen dazu auseinandersetzen, will ich Sie einladen, selbst erst einmal frei und spontan zu assoziieren und zu notieren, was Ihnen als Erstes in den Sinn kommt, wenn Sie das Wort »Glück« lesen oder hören beziehungsweise ans Glück denken.

Beginnen Sie mit den Worten »Glück ist ...« und notieren Sie fünf Minuten lang alles, was Ihnen einfällt, unsortiert und ungefiltert. Lassen Sie den Stift über das Papier gleiten. Selbst wenn es Sie in andere Gefilde treibt, lassen Sie es zu. Alles, was in diesem Moment kommt, ist perfekt.

Wussten Sie, dass unsere Seele 21 Gramm wiegt? Diese Meldung erschien am 11. März 1907 in der New York Times. MacDougall, ein Arzt aus Haverhill (Massachusetts), beschäftigte sich mit der Natur der Seele und baute eine Präzisionswaage, mit der er bei Sterbenden im Moment des Todes einen Gewichtsverlust von 21 Gramm feststellte. Das, so schlussfolgerte er, muss das Gewicht der im Tod entweichenden Seele sein.[7]

Einen anderen Begriff der Seele gibt der Psychologe Steve Ayan: »Eine Seele ist etwa 20 Zentimeter lang, kostet 95 Cent und übersteht selten die Mittagspause.«[8] Er ergänzt, dass dieses kross gebackene Baguette mit Salz und Kümmel besonders im süddeutschen Raum verbreitet ist, womit die empirisch, wissenschaftlich gesicherte Bedeutung des Wortes bereits aufhöre.

Da unsere Seele ziemlich sicher etwas mit unserem Glücksempfinden zu tun hat, wollen wir uns diesem Begriff nun ebenso assoziativ annähern wie dem des Glücks.

Notieren Sie spontan Begriffe und Assoziationen zum Thema Seele. Vielleicht mögen Sie folgenden Halbsatz als Einstieg nehmen: »Wenn meine Seele frei ist, ...«

Wie Sie es wahrscheinlich schon selbst erlebt haben, hängt das Glück immer auch von der Perspektive ab. Was für einen ein großes Glück ist, kann für einen anderen ein großes Unglück sein. Bruno Heller[9] schreibt, dass die Menschheit einem Meteor zu verdanken ist, der vor 65 Millionen Jahren die Erde traf und die Saurier zum Aussterben brachte. Erst danach konnten sich Säugetiere, Primaten und unsere Urahnen entwickeln. Für die Dinosaurier ein großes Unglück, für uns ein großes Glück. Pech und Glück sind also relative Größen, die vom Bezugspunkt abhängen, der je nach Situation und Kontext wechseln kann.

Für den französischen Philosophen Frédéric Lenoir besteht die Schwierigkeit, das Glück zu fassen, darin, dass es einen so wandelbaren Charakter hat und je nach Kultur, Mensch und Lebensphase ein anderes Gesicht. Hinzu komme eine subjektive Dimension: »Ein Künstler ist glücklich, wenn er seine Kunst ausübt, ein Intellektueller will mit Gedanken spielen, ein Gefühlsmensch braucht die Liebesbeziehung.«[10]

Wann sind Sie besonders glücklich? Schreiben Sie wieder so spontan wie möglich. Denken Sie daran, dass es sich um eine Momentaufnahme handelt, die Sie jederzeit ergänzen und ändern können. Wenn Sie mögen, nehmen Sie als Impuls den aus obigem Zitat abgeleiteten Halbsatz: »Ein Künstler ist glücklich, wenn er seine Kunst ausübt, ein Denker spielt mit Gedanken und ich bin glücklich, wenn ...«

Lenoir ist der Überzeugung, dass jeder Mensch an seinem Glück arbeiten kann, indem er über sein Leben nachdenkt, kluge Entscheidungen trifft und sein eigenes Welt- und Selbstbild beständig überdenkt. Ich stimme ihm zu und glaube außerdem, dass das schreibend noch besser gelingen kann als ausschließlich denkend, weil man auf diese Weise einen guten Überblick bekommt und über einen längeren Zeitraum seine eigene Entwicklung verfolgen kann. Dadurch kann man besonders intensiv und nachhaltig beobachten, was einen glücklich macht und wie man sein Leben gestalten muss, um den flüchtigen und wandelbaren Charakter des Glücks immer wieder einzufangen und womöglich sogar zu einem dauerhaften Zustand werden zu lassen.

Deswegen finden Sie am Ende des Buches auch Ihr persönliches *Glückstagebuch* (S. 181 ff.), mit dessen Hilfe Sie über sieben Wochen noch genauer herausfinden können, was Sie glücklich macht, um das in einem zweiten Schritt in Ihr Leben zu integrieren. Ich bin mir sicher, dass Ihnen das auch gelingen wird. Nicht immer, aber immer wieder und vielleicht zunehmend leichter. Wenn Sie dranbleiben, Ihr persönliches Glück zu untersuchen, werden Sie nämlich zunehmend besser wissen, was Sie brauchen, um Momente des Glücks zu erfahren und Ihr Leben so auszurichten, dass Glück möglich wird.

Ich weiß nicht, wie das bei Ihnen ist, aber ich habe, wie in der Einführung angesprochen, den Hedonismus bisher immer für fragwürdig gehalten. Ein hedonistischer Mensch, so meine irrige Annahme, ist jemand, der vergnügungssüchtig ist und im Streben nach Befriedigung seiner Bedürfnisse weitgehend rücksichtslos. Mit dieser etwas verzerrten Vorstellung stehe ich allerdings keineswegs allein da, denn heutzutage ist der Begriff des Hedonismus eher negativ konnotiert, wie man bei einer Recherche im Internet leicht feststellen kann. Dort findet man auch die Theorie der hedonistischen Tretmühle, die Idee eines hedonistischen Wohlbefindens, bei dem es einzig darum gehe, so viele positive Emotionen wie möglich zu erleben. Das wiederum könne leicht in eine Tretmühle führen, in der man beständig dem Glück nachjagt und es dabei im Hier und Jetzt verpasst.[11]

Bei eingehenderer Recherche wird man jedoch feststellen, dass es sich beim Hedonismus um eine philosophische Strömung der Antike handelt, deren Anhänger ein glückliches und erfülltes Leben anstrebten.

Einer der Begründer des Hedonismus war Aristippos von Kyrene, ein Zeitgenosse Sokrates', der wegen der Endlichkeit des Lebens dafür plädierte, alle Chancen des Lebens anzunehmen.[12]

Neben Aristippos von Kyrene galt Epikur als bekennender Hedonist. Er prägte den Begriff der *Ataraxie,* ein Zustand, den man als Seelenruhe bezeichnen könnte. Dabei betonte er die Relevanz von Gelassenheit für unser Glück und dachte damit ähnlich wie Seneca und Augustinus, die das geglückte Leben *(de vita beata*[13]*)* unter anderem als Ergebnis von Gelassenheit ansahen.

Was fällt Ihnen zum Thema »Hedonismus« ein? Was haben Sie bisher darüber gedacht und was denken Sie jetzt? Wo auf einer Skala von 1 bis 10 würden Sie sich verorten, wenn 10 den absoluten Hedonismus darstellt? Woran machen Sie das fest und wie wollen Sie das in Zukunft handhaben?

Bleiben wir noch ein wenig bei dem Gedanken, ein möglichst glückliches Leben führen zu wollen. Um das zu erreichen, könnte man auf die Idee kommen, ein Maximum an Vergnügen anzustreben und alles, was Unlust bereitet, so gut wie möglich zu vermeiden. Was zunächst logisch klingt, hat allerdings so seine Tücken. Denn die Erfahrung zeigt, dass etwas, das im Augenblick angenehm sein kann (Wein trinken), in der Zukunft durchaus unangenehme Konsequenzen haben kann (Kopfschmerzen, Fettleber). Die Maxime des maximalen Vergnügens scheint als Richtschnur für unser Glück also nur bedingt geeignet.

Bedenken wir zudem, dass es Umstände gibt, die unserem Wunsch nach Glück entgegenstehen wie Krankheiten, Verluste, Scheitern und andere Ereignisse, die nicht oder nur bedingt unserem Einfluss unterliegen, gerät das Konzept schnell an seine Grenzen. Dann könnte es helfen, den Blick auf das Ganze zu richten, statt nur nach einzelnen Gefühlslagen zu fragen. Statt uns danach zu richten, was uns, ungeachtet der Konsequenzen, das reine Vergnügen bereitet, könnten wir als Richtschnur die Frage nehmen, ob wir mit unserem Leben im Großen und Ganzen einverstanden sind.

Sind Sie mit Ihrem Leben im Großen und Ganzen einverstanden? Woran machen Sie das fest?

Sie dürfen das Glück gern umzingeln

»Das Glück ist im Grunde nichts anderes als der mutige Wille, zu leben, indem man die Bedingungen des Lebens annimmt.«[14]

(Auguste-Maurice Barrès, 1862–1923, französischer Schriftsteller, Journalist und Politiker)

Nachdem wir uns zunächst eher frei und assoziativ um das Glück gekümmert haben, wollen wir uns den Begriff nun etwas genauer ansehen. Wie bereits herausgefunden, gibt es Dinge, die Sie kurzzeitig glücklich machen, und solche, die langfristig zu Ihrem Glück beitragen, und es gibt Dinge, auf die Sie Einfluss haben, und solche, die sich Ihrem Einfluss entziehen. Diese Unterscheidungen halte ich für wichtig, um kluge langfristige Entscheidungen zu treffen. Nur wenn ich den Unterschied kenne, kann ich mich im Hier und Jetzt gegen etwas entscheiden, das mich vielleicht nur kurzfristig glücklich macht, zugunsten von etwas, das mir auf lange Sicht mehr Zufriedenheit und Wohlbefinden verspricht. Zudem müssen wir dann keine wertvolle Energie darauf verschwenden, das Glück in Bereichen zu suchen, auf die wir keinen oder wenig Einfluss haben. Die Unterscheidung wird auch deutlich, wenn wir uns die englischen Begriffe für Glück ansehen. To be *lucky* und to be *happy.* To be *lucky* meint, *Glück zu haben,* wie bei einem Lottogewinn, worauf wir wenig Einfluss haben, und to be *happy* meint, glücklich zu sein, weil man sich gut fühlt, worauf wir mehr Einfluss nehmen können.

Im Deutschen gibt es diese sprachliche Unterscheidung nicht. Das Wort »Glück« meint in der deutschen Sprache das Zufallsglück ebenso wie das Augenblicksglück, das Glück der Fülle und das Glück, das sowohl zu unserem Wohlbefinden als auch unserer Lebenszufriedenheit beiträgt. Der Duden online definiert Glück unter anderem als »angenehme und freudige Gemütsverfassung, in der man sich befindet, wenn man in den Besitz oder Genuss von etwas kommt, was man sich gewünscht hat; Zustand der inneren Befriedigung und Hochstimmung.«[15]

Im Lexikon der Psychologie wird Glück definiert als: »1) günstiger Zufall im Zusammenhang mit Ereignissen unseres Lebens: ›Ich habe Glück gehabt.‹ ›Es hat sich für mich günstig ergeben.‹ Form der

Attribution von Ereignissen. 2) eine Emotion mit eindeutigem Handlungsbezug (wie zum Beispiel auch Begierde, Überraschung, Verwunderung, Leid; Emotionen-Klassifikation) im Sinne von subjektiver ›Glückseligkeit‹: ›Ich bin glücklich wegen …‹. Was vom Gefühl des Glücks unmittelbar verstanden werden kann, ist die Mimik und Gestik von glücklichen Menschen. Schwieriger gestaltet sich die Beschreibung von Glück. Wie statistische Analysen erbrachten, umfassen das Glückserleben charakterisierende Faktoren die Nähe und Verbundenheit mit anderen Menschen, Vertrauen und Liebe, tiefe innere Ruhe und die Lust unmittelbarer Empfindung, die Stille und die übermütige Heiterkeit, die Innigkeit religiöser Einsicht, die Bejahung des Lebens. Eine klare Trennung von Glück und Freude ist nicht eindeutig vorzunehmen.«[16]

Bereits nach zwei offiziellen Definitionen wird deutlich, dass unterschiedliche Aspekte in Hinblick auf das Glück für relevant erachtet und hervorgehoben werden. Einig scheint man sich nur darin, dass das Gefühl des Glücks sich sowohl auf körperlicher als auch geistiger Ebene zeigt und einen angenehmen, anzustrebenden Zustand darstellt.

Über die menschlichen Einflussmöglichkeiten auf das Glück geben die Definitionen keine Auskunft. Auffällig ist aber, dass davon ausgegangen wird, dass dem Glück ein Wunsch oder Bedürfnis vorausgeht. Damit werden Situationen ausgenommen, in denen es spontan zu Glücksmomenten kommt oder das Zufallsglück eintritt.

Stellen Sie sich vor, Sie werden eingeladen, für ein Lexikon einen Eintrag zum Glück zu verfassen. Wie würde dieser lauten?

Schreiben Sie von einem Glück, das Sie erlebt haben, ohne dass diesem ein Wünschen vorausgegangen wäre. Also von einem Glück, das Ihnen widerfahren ist. Vielleicht haben Sie Ihren Lebenspartner durch einen glücklichen Zufall kennengelernt, oder jemand hat Sie unverhofft zu einem Kaffee eingeladen und es hat sich ein glücklicher Nachmittag ergeben …

Bleiben wir noch kurz dabei, welchen Einfluss Sie auf Ihr Glück haben. Das Wort »Glück« stammt aus dem Mittelnieder- beziehungsweise Mittelhochdeutschen und bezeichnet die Art, wie etwas endet, wobei der günstige Ausgang nicht vom eigenen Handeln abhängt, sondern von günstigen Umständen. Sprichwörter aus derselben Zeit, wie etwa *»Jeder ist seines Glückes Schmied«,* verweisen hingegen darauf, dass man auch früher schon davon ausging, dass der Einzelne zumindest einen Teil der Verantwortung für sein Glück selbst trägt und nicht nur das Schicksal über das Lebensglück entscheidet. Sie sehen, es gibt also unterschiedliche Überzeugungen dazu, wie groß unser eigener Einfluss ist. Was meinen Sie?

Erinnern Sie sich an ein glückliches Ereignis, bei dem Ihr eigenes Handeln entscheidenden Einfluss auf das Geschehen hatte. Beschreiben Sie so konkret wie möglich, was passiert ist und wie Sie zu Ihrem Glück beigetragen haben. Ließe sich so etwas wiederholen oder handelt es sich um ein einmaliges Ereignis?

Wie umfassend der Begriff des Glücks verstanden werden kann, wird noch deutlicher, wenn wir die Wissenschaft einbeziehen. Glücksforscher:innen sprechen beispielsweise vom subjektiven Wohlbefinden statt vom Glück und für die meisten Psycholog:innen gilt jemand als glücklich, der oder die zufrieden und dankbar ist und mehr angenehme als unangenehme Gefühle hat. In Religion und Philosophie steht Glück für die vollkommene Erfüllung persönlicher Wünsche und im World Book of Happiness gelten eine stabile Liebesbeziehung, Gesundheit, ein den Fähigkeiten entsprechender Job, Freunde, Kinder und Geld als wichtigste Glücksfaktoren.[17]

Jetzt ist es an Ihnen, Ihre Ideen hinzuzufügen. Listen Sie fünf bis zehn Faktoren auf, die Sie für ein glückliches Leben als relevant erachten. Wenn Sie mögen, ergänzen Sie die Liste durch kurze Erklärungen, warum Sie diese Faktoren gewählt haben.

Nach der letzten Übung haben Sie Immanuel Kant etwas voraus. Sie haben geschafft, was er für unmöglich gehalten hat, als er sagte, das Glück sei ein so unbestimmter Begriff, dass es nicht dazu tauge, definiert zu werden. Was Kant wiederum zu der Meinung führte, dass weder der Begriff noch das Glück geeignet seien, um sein Leben danach auszurichten.[18] Was jedoch nicht weiter verwundert, da bei Immanuel Kant die Pflichterfüllung vor dem Glück kam. Und noch heute ist zu spüren, wie sehr uns die kantische Philosophie geprägt hat. Wie das bei Ihnen war und vielleicht noch immer ist und wie Sie sich vom kantischen Imperativ lösen können, um Ihrem Glück nicht länger im Weg zu stehen, erfahren Sie in Kapitel II.

Vom Alltags- und Lebensglück

»Viele Menschen versäumen das kleine Glück, während sie auf das große vergebens warten.«[19]

(Pearl Sydenstricker Buck, 1892–1973, amerikanische Schriftstellerin)

Im Verlauf des bisherigen Lesens dürfte klar geworden sein, wie schwer das Glück zu fassen ist, im Leben wie auf dem Papier, begrifflich wie in allen seinen Erscheinungsformen. Glück ist subjektiv, haben wir festgestellt, und damit gibt es genau genommen so viele Definitionen, wie es Menschen gibt. Gleiches gilt für die verschiedenen Formen des Glücks. Je mehr Autorinnen und Autoren sich damit beschäftigen, umso mehr Einteilungen finden Sie.

Deswegen ist es an Ihnen, sich diejenigen herauszusuchen, die für Sie am besten passen, und auch eigene vorzunehmen. Doch bevor ich Ihnen einige Ideen zu den verschiedenen Formen des Glücks vorstelle, dürfen

Sie wieder frei assoziieren und notieren, was Ihnen an Glück bereits widerfahren ist und welche Einteilungen und Unterscheidungen Sie aufgrund Ihrer Erfahrungen vornehmen würden.

Welche Formen des Glücks kennen Sie und wie würden Sie diese benennen wollen? Vielleicht mögen Sie dabei an das denken, was Sie in diesem Buch bereits gelesen haben. Oder Sie schreiben einfach drauflos. Schließlich können Sie Ihre Ideen jederzeit ergänzen.

Ich bin gespannt, ob sich das, was Sie notiert haben, in den folgenden Überlegungen wiederfindet. Der Philosoph Wilhelm Schmid[20] unterscheidet beispielsweise ein Zufalls- und ein Wohlfühlglück, ein Glück der Fülle und das Unglücklichsein. Während Wohlfühl- und Zufallsglück flüchtig sind, bedeutet das Glück der Fülle einen dauerhaften Zustand, den man mit dem vergleichen kann, was Seneca als geglücktes Leben *(de vita beata)* bezeichnet hat. Interessant ist, dass Schmid das Unglücklichsein ebenfalls als Form des Glücks versteht, als eine Art Melancholie, die dazu führt, dass wir uns bewusst werden, wie brüchig das Glück ist, und die uns zudem, nämlich durch den Kontrast, Glück überhaupt erst erleben lässt.

Kennen Sie den Zustand der Melancholie? Würden Sie das Unglücklichsein ebenfalls dem Glück zuordnen, weil es das eine ohne das andere nicht gibt?

Während das mittelhochdeutsche *Geglücke* noch den zufälligen Ausgang einer Angelegenheit bezeichnete, im günstigen wie im ungünstigen Fall, wurde das Glück der Moderne zunehmend mit dem günstigen Zufall, also einer erwünschten Fügung, in Verbindung gebracht. Ob die Zufälle, die zum Glück führen, einen Sinn ergeben und einer Vorsehung folgen, bleibt bis heute allerdings offen, zumal Sinnhaftigkeit immer auch eine Frage der Deutung ist. Eines ist aber klar: Das Zufallsglück ist für uns nicht verfügbar, eben weil es dem Zufall unterliegt. Einfluss haben wir lediglich auf unsere Haltung. Eine Offenheit gegenüber dem Zufall ermöglicht es, eine positive Fügung zu erkennen und zu nutzen. Und etwas Zufälliges kann nur stattfinden, wenn wir nicht immer alles unter Kontrolle zu halten versuchen und zugleich die Geduld aufbringen, zu warten, bis sich etwas fügt.

Wie offen sind Sie dem Zufall gegenüber? Hat das Zufallsglück Sie schon einmal so richtig angenehm überrascht? Wenn ja, wann und wo war das? Was ist diesem Zufallsglück vorausgegangen?

Obwohl wir festgestellt haben, dass man das Zufallsglück nicht erzwingen kann, haben wir zugleich gesagt, dass wir etwas dafür tun können, dass der Zufall sich als günstig erweist. Manchmal hilft es bereits, möglichst vielen Menschen zu erzählen, was man sich wünscht, damit sie einen unterstützen können. Stellen Sie sich beispielsweise vor, Sie wollen ein Buch veröffentlichen. Wenn Sie niemandem davon erzählen, wird der Traum wahrscheinlich nicht in Erfüllung gehen.

Erzählen Sie hingegen möglichst vielen Menschen davon, kann es sein, dass jemand jemanden kennt, der Kontakt zu einem Verlag oder einer Lektorin hat, und schon erhöht sich die Wahrscheinlichkeit, dass Ihr Buch irgendwann tatsächlich gedruckt wird.

Auf diese Weise können Sie Ihrem Glück gewissermaßen auf die Sprünge helfen. Sicher kennen Sie den Witz, in dem ein Glaubender jeden Tag darum betet, im Lotto zu gewinnen, bis eines Tages eine donnernde Stimme vom Himmel dröhnt: »Dann gib mir verdammt noch einmal eine Chance und füll endlich einen Lottoschein aus.« Das ist einleuchtend und doch vergessen wir leider viel zu oft, dass wir unseren Teil zu unserem Glück beitragen können und müssen.

Was tun Sie, um dem Zufallsglück auf die Sprünge zu helfen? Machen Sie publik, was Sie sich wünschen? Spielen Sie Lotto oder fordern den günstigen Zufall auf andere Weise heraus? Was können Sie noch tun?

Sehen wir uns jetzt gemeinsam das Wohlfühlglück an. Dieses zielt vor allem darauf ab, mehr angenehme als unangenehme Gefühle zu haben. Um es auf den Punkt zu bringen, geht es darum, Lust zu maximieren und Schmerz zu minimieren. Aber Vorsicht, das ganze Leben als eine Wohlfühlangelegenheit zu betrachten und einen permanenten Glücksrausch anzustreben, kann schnell zur Erschöpfung führen.[21] Zudem hatten wir ja bereits die Fallstricke des kurzfristigen Vergnügens genannt, die unser langfristiges Glück und Wohlbefinden womöglich auch beeinträchtigen können.

Ein weiteres Problem des Strebens nach andauerndem, absolutem Glück ist die hohe Erwartungshaltung, wie es auch im obigen Zitat von Pearl S. Buck zum Ausdruck kommt, die auf das kleine Glück verweist. Wenn unser Ziel lautet, uns beständig und immer wohlzufühlen und glücklich zu sein, können wir nur enttäuscht werden, was dann fatalerweise dazu führt, dass wir unglücklich sind. Wohlfühlglück ist zwar etwas, das wir selbst herstellen können, aber eben nicht immer und in allen Situationen.

Man könnte das Wohlfühlglück auch als eine Kombination aus Augenblicksglück und dauerhaftem Glück bezeichnen. Dabei befördern wir das dauerhafte Glück, indem wir uns klar machen, was zu unserem Wohlbefinden beiträgt, und dieses herzustellen versuchen. Zugleich sollten wir uns der Tatsache bewusst sein, dass wir Ängste, Sorgen, Unlust, Schmerzen und andere unangenehme Gefühlszustände nicht völlig aus unserem Leben verbannen können. Wir können nur immer wieder versuchen, einen Ausgleich zu schaffen, indem wir Zustände herstellen, in denen wir uns wohlfühlen.

Was trägt zu Ihrem Wohlfühlglück bei? Erstellen Sie ein Listengedicht. Ein Listengedicht beginnt immer mit dem gleichen Halbsatz, den Sie pro Zeile mit einem Gedanken füllen. Wenn Sie mögen, können Sie folgenden Halbsatz nehmen: »Ich fühle mich wohl und bin glücklich, wenn …«

Natürlich wünschen wir uns alle ein dauerhaftes Glück, das uns unser ganzes Leben lang begleitet. Und obwohl wir festgestellt haben, dass jedes Leben auch mit Gefühlen von Unlust, Traurigkeit und mitunter Hoffnungslosigkeit einhergeht, wollen wir einmal beleuchten, wie wir dauerhaftes Glück zumindest anstreben können.

Die Griechen haben ein Glück der Fülle beschrieben, dem sie eine gewisse Dauerhaftigkeit zugebilligt haben. Das Glück der Fülle umfasste für sie aber nicht nur angenehme, sondern auch unangenehme Empfindungen, die zur Lebensfülle ebenso beitragen wie lustvolle Zustände. Beim Glück der Fülle geht es also um die Polaritäten, die es ermöglichen, Wohlbefinden und Glück im Kontrast zu Unangenehmem wahrzunehmen und zu schätzen. Die zentrale Frage ist, ob wir mit unserem Leben im Großen und Ganzen einverstanden sind und es bejahen können. Ob wir negative Erfahrungen und Gefühle ebenso akzeptieren können wie positive und in der Lage sind, das Leben in seiner gesamten Bandbreite zu spüren und zu leben. Ein intensives Leben, im Guten wie im Schlechten. Denn nur dann erleben wir das Glück der Fülle, das der Philosoph Wilhelm Schmid folgendermaßen beschreibt: »Nicht nur erfüllte, sondern auch leere Tage, denn hundert Tage, die als leer und langweilig empfunden werden, sind vollkommen gerechtfertigt für einen einzigen der überbordenden Fülle«.[22]

Um das Glück der Fülle zu erfahren, bedarf es sowohl der Bescheidenheit als auch der Gelassenheit. Es bedarf einer geistigen Haltung, die der Freude ebenso viel Bedeutung beimisst wie der Traurigkeit. Und diese Gelassenheit erwirbt man wiederum durch Erfahrung, die auch beinhaltet, dass Höhen und Tiefen sich abwechseln. Nur auf diese Weise erlangen wir das

Vertrauen, dass die Nacht dem Tag weicht, es helle und dunkle Stunden gibt und unser Leben eine Art Symmetrie aufweist, auch wenn es sich in schlechten Zeiten vielleicht anders anfühlt.

Weil das jetzt eine ganze Menge Informationen waren, möchte ich Sie gleich zu zwei Schreibübungen einladen und Sie noch einmal daran erinnern, dass Sie nicht immer alle Übungen sofort und vollständig machen müssen. Zudem geht es nicht darum, die Übungen möglichst »gut« zu machen. Erlauben Sie sich, spielerisch an die Sache heranzugehen und auf diese Weise etwas Neues über sich zu erfahren.

Sind Sie in der Lage, »leere« Tage ebenso anzunehmen wie erfüllte? Was bedeuten erfüllte und leere Tage für Sie und wie gehen Sie damit um?

Wie steht es bei Ihnen mit der heiteren Gelassenheit den Wechselfällen des Lebens gegenüber? Wann können Sie diese Gelassenheit aufbringen und wann nicht? Was zeichnet die Phasen aus, in denen Ihnen das gelingt, und ließe sich daraus etwas für Ihre Zukunft ableiten?

Für den Psychologen Andreas Kumpf[23] gehören sowohl die Glücksmomente als auch eine langfristige Zufriedenheit zum Lebensglück. Der Soziologe Gerhard Schulze[24] wiederum unterscheidet zwischen einem Glück, das aus der Abwesenheit von Leid und Mangel entsteht, und einem Glück, das sich auf das schöne Leben bezieht. Sigmund Freud[25], Vater der Psychoanalyse, ging davon aus, dass es überhaupt nur ein episodisches Glück gebe. Und selbst das gestand er den Menschen erst in seinem Spätwerk zu, während er vorher lange behauptete, im Schöpfungsplan sei für den Menschen kein Glück vorgesehen.

Der Journalist Wolf Schneider unterscheidet zwischen dem kleinen und dem großen Glück sowie einer längeren Zufriedenheit.[26] Das kleine Glück erlebe man beim Auffliegen eines Taubenschwarms an einem funkelnden Wintertag und das große, wenn man einer berauschenden Musik lausche, Sex habe oder andere überwältigende Lustempfindungen. Die anhaltende Zufriedenheit werde hingegen durch einen behaglichen Alltag genährt und dadurch, dass man sich dort befinde, wo man hingehöre.

Haben Sie das Gefühl, dort zu sein, wo Sie hingehören? Woran machen Sie das fest? Wo im Körper spüren Sie das? Und wenn Sie sich noch nicht dort befinden, was glauben Sie, bräuchten Sie, um diesen Ort zu finden und sich dorthin zu begeben? Denken Sie dabei an ganz konkrete Dinge wie Ihre Arbeit, Ihre Beziehungen und Freundschaften und was Sie sonst noch für Ihre persönliche Zufriedenheit brauchen. Nehmen Sie sich für diese Aufgabe so viel Zeit, wie Sie brauchen, und ergänzen Ihre Notizen immer wieder.

Erstellen Sie zwei Listen: eine für das kleine und eine für das große Glück. Wenn Sie mögen, schreiben Sie dann darüber, welche Bedeutung das kleine Glück bei Ihnen für das große Glück hat.

Wie Sie sehen, sind wir ein bisschen wie die Jägerinnen und Sammler und tragen alles zusammen, was wir schon wissen, und bemühen uns darum herauszufinden, was wir noch nicht wissen. Sie erinnern sich an das Bild der Patchworkdecke? Passend finde ich dieses Bild nicht nur, weil das Glück ebenfalls Flickwerk sein kann, sondern auch, weil man bei so einer Decke von Zeit zu Zeit ein paar Stoffstücke ersetzen muss oder ersetzen will. Und genauso kann es sich mit Ihrem Glück verhalten. Manches vergeht, anderes entsteht, sodass es gut ist, von Zeit zu Zeit zu überprüfen, was Sie tatsächlich glücklich macht und was vielleicht überholte Ideen sind.

Denn manchmal irren wir uns und haben nur die Idee, dass etwas uns glücklich machen könnte oder sollte, was uns in der Realität dann aber nicht wirklich glücklich macht. Sicher kennen Sie das: Man stellt sich zum Beispiel eine tolle Wanderung vor, vielleicht sogar im Schnee, und wie glücklich oder zufrieden einen das machen würde, und in der Realität ist man dann nur erschöpft oder friert. Oder man denkt an ein Fest an einem Sommerabend und wie glücklich einen das wiederum machen würde, in der Realität ist man aber einfach nur angestrengt oder gelangweilt.

Will sagen: Überprüfen Sie von Zeit zu Zeit, ob das, was Sie in Ihrer Vorstellung glücklich macht, in der Realität tatsächlich zu Ihrem Glück beiträgt oder ob das vielleicht ganz andere Dinge sind.

Besonders wichtig finde ich das in Zeiten, in denen uns über die sozialen Medien immer wieder ganz bestimmte Bilder und Vorstellungen eingespielt werden, wie Glück auszusehen hat. Denn das beeinflusst selbstverständlich unsere Ideen und Vorstellungen vom Glück, auch wenn unser wirkliches Glück unter Umständen ganz woanders liegt. In dem folgenden Kapitel dürfen Sie genau das konkret erkunden. Und hier noch einmal zur Erinnerung: nichts muss, alles kann.

Was Sie glücklich macht

»Glück besteht aus einem hübschen Bankkonto, einer guten Köchin und einer tadellosen Verdauung.«[27]

(Jean-Jacques Rousseau, 1712–1778, schweizerisch-französischer Schriftsteller, Philosoph und Aufklärer)

Obwohl das, was sich Rousseau unter Glück vorgestellt hat, wahrscheinlich niemanden von uns abschrecken würde, hat es doch mit Sicherheit nicht für alle die gleiche Relevanz. Aber die Ideen dessen, was uns glücklich macht, wandeln sich mit den Zeiten und Epochen. Und genau deswegen wollen wir uns auch die aktuelle Forschung ansehen. Zugleich sei angemerkt, dass es natürlich ein ehrgeiziges und vielleicht sogar vergebliches Unterfangen ist, das Glück erforschen zu wollen, ebenso wie allgemeine Faktoren finden zu wollen, die alle Menschen gleichermaßen glücklich machen. Dennoch wird das immer wieder versucht und kann uns unter Umständen dabei unterstützen, den eigenen Weg zu finden.

In der Glücksforschung hat man jedenfalls acht Faktoren gefunden und untersucht, die fürs Glück ausschlaggebend sein sollen. Dazu zählen familiäre Beziehungen, das soziale Umfeld, persönliche Freiheit, Gesundheit, eine befriedigende Arbeit, soziales Engagement, eine stabile finanzielle Lage und eine passende Lebensphilosophie. Zugleich hat man herausgefunden, dass Glücksempfinden und Lebenszufriedenheit nicht unbedingt etwas mit der Höhe der finanziellen Mittel zu tun hat. Man erklärt sich das wie folgt: Mit steigendem Einkommen wachsen die Ansprüche, sodass mehr Geld nicht automatisch zufriedener macht.[28]

Neben den Forschungen, die länderbezogen stattgefunden haben, haben die Vereinten Nationen eigene Untersuchungen durchgeführt und sind zu dem Ergebnis gekommen, dass ein Mensch glücklich ist, wenn er 2.500 Kalorien am Tag zu sich nehmen kann, ihm hundert Liter Wasser zur Verfügung stehen und er mindestens sechs Quadratmeter Wohnraum hat, einen Platz zum Kochen und eine sechsjährige Schulbildung.[29]

Bei diesen Untersuchungen geht es um Grundbedürfnisse, die für die meisten von uns selbstverständlich sind, nicht aber für die Weltbevölkerung. Solche Ergebnisse finde ich wichtig, nicht, um damit zu mahnen, dass wir zufriedener und glücklicher sein sollten, weil wir alles haben, sondern um den Blick zu weiten und unsere Umstände und Gegebenheiten in Relation zu setzen.

Zuletzt eine Liste aus dem World Book of Happiness, auf das wir in Kapitel IV noch näher eingehen werden. Hier werden folgende Faktoren fürs Glück aufgezählt: eine stabile Liebesbeziehung, ein den Fähigkeiten entsprechender Beruf, Gesundheit, Freunde, Kinder und genug Geld zur Erfüllung der Grundbedürfnisse.[30] Ich behaupte, dass niemand von uns den vollen Punktwert bei allen diesen Faktoren erhält, und wage zu sagen, dass es darum auch nicht geht, sondern vielmehr darum, herauszufinden, was unsere eigenen Glücksfaktoren sind, in welchen Bereichen wir bereits zufrieden und glücklich sind und wo sich noch etwas verbessern lässt.

Laut Martin Seligman, einem Pionier der Glücksforschung, setzt sich ein glückliches Leben aus drei Faktoren zusammen: dem angenehmen, dem guten und dem sinnvollen Leben. Das angenehme Leben entsteht aus Freude, das gute aus erworbener Achtung und das sinnvolle aus einer nützlichen Tätigkeit.[31]

Bei der größten und am längsten laufenden Studie, die 1938 begann und 2000 Menschen untersucht hat, hat sich gezeigt, dass gute Beziehungen der Schlüssel zu einem glücklichen Leben sind. Damit sind nicht nur Familie und Partnerschaften gemeint, sondern ebenso Freundschaften und Nachbarn und sogar flüchtige Bekanntschaften. Robert Waldinger, einer der Studienleiter, verweist darauf, dass die öffentliche Darstellung von dem, was Menschen unter Glück verstehen, problematisch ist. Denn Glück werde oft als Auszeichnung gesehen, die man sich erarbeiten oder gewinnen könne und dann sein Leben lang behält, was so aber nicht funktioniere.[32] Und nun zu Ihnen!

Welche Faktoren sind für Sie ausschlaggebend für Ihr persönliches Glück? Versuchen Sie, sich dabei von dem zu lösen, was andere denken, und erstellen Sie Ihre ganz eigene Liste von Glücksfaktoren. Nehmen Sie sich ausreichend Zeit und lassen Sie die Liste gern über Tage und Wochen wachsen.

Um noch einmal auf das Thema »Geld und Glück« zu kommen: Geld allein mag vielleicht nicht glücklich machen, aber es kann das Leben erleichtern und die Voraussetzung für Glück schaffen, indem es Freiheit schenkt und die Möglichkeit, selbstbestimmt zu leben. So jedenfalls die Idee. Allerdings hatte der Anstieg des nationalen Einkommens in zahlreichen Studien keinen entscheidenden Einfluss auf die Lebenszufriedenheit und die Menschen in ärmeren Ländern waren keinesfalls unglücklicher als die in reichen Ländern.

Viel wichtiger als die Höhe des Einkommens scheint der Vergleich zu sein. Die Einschätzung unserer eigenen Situation hängt entscheidend davon ab, wie es den Menschen in unserem Umfeld geht. Eine Untersuchung mit Studierenden hat gezeigt, dass mehr als die Hälfte mit einem Jahresgehalt von 33.000 Dollar zufrieden wären, sofern ihre Kommilitonen nur 30.000 Dollar verdienen würden. Weniger zufrieden wären sie hingegen mit einem Jahresgehalt von 35.000 Dollar, wenn ihre Kommilitonen 38.000 Dollar bekämen. Sie würden also auf 2.000 Dollar verzichten, so lange sie mehr als ihre Kommilitonen verdienen.[33]

Spannend sind in diesem Zusammenhang zwei Folgestudien. Die erste wurde 2010 veröffentlicht[34] und die zweite 2023[35]. Die erste Studie kam zu dem

Schluss, dass Geld das persönliche Glück nur bis zu einem Jahresverdienst von 75.000 US-Dollar steigert. Und in der zweiten Studie, dreizehn Jahre später, endete das Glücksniveau nicht mehr bei 75.000 US-Dollar, sondern bei über 200.000 Dollar.

Welche Rolle spielt Geld für Ihr Glück? Vergleichen Sie sich oft mit anderen? Nicht nur, was das Geld angeht, sondern auch in anderen Lebensbereichen? Wollen Sie das so beibehalten oder etwas daran ändern? Was könnte in Hinblick auf Ihr Glück und Ihre Zufriedenheit hilfreich sein?

Die Glücksfaktoren, die von Wissenschaftler:innen untersucht und in Studien aufgezählt wurden, lassen oftmals außer Acht, dass Glück sich mitunter auch daran bemisst, ob unsere Wünsche, Ziele und Sehnsüchte in Erfüllung gehen. Zumal das alles wichtige Triebfedern für unser Leben sind und damit eine Quelle für unser Glücksempfinden.

Wie sieht es mit Ihren Wünschen und Sehnsüchten aus? In welchem Verhältnis stehen sie zu Ihrem Glücksempfinden? Gibt es langgehegte Wünsche und Sehnsüchte, die es noch umzusetzen gilt? Macht es Sie glücklicher, Sehnsüchte und Wünsche zu haben oder sie zu befriedigen? Oder ist beides gleichbedeutend für Sie und Ihr Lebensglück?

Ein weiterer Faktor, der bisher noch nicht genannt wurde, der aber sowohl relevant als auch beruhigend ist: Ältere Menschen sind trotz gesundheitlicher Beschwerden in der Regel glücklicher und zufriedener als Jugendliche oder junge Erwachsene. Dieses »Zufriedenheitsparadoxon« lässt sich sogar neurobiologisch erklären.[36] Die Entwicklung von Glück und Zufriedenheit während der gesamten Lebensspanne gleicht einer U-Kurve. Wobei die Abnahme der Lebenszufriedenheit bei männlichen Teilnehmern vom frühen Erwachsenenalter bis zur Lebensmitte stärker ausgeprägt ist als bei weiblichen. Die höhere Lebenszufriedenheit in der zweiten Lebenshälfte ist allerdings bei beiden Geschlechtern vorhanden.

Dies erklärt sich unter anderem dadurch, dass gewisse neurobiologische Prozesse unsere Reifung prägen, indem ein bestimmtes Verhalten und damit verbundene Erfahrungen sowohl chemisch als auch biologisch belohnt werden. Das heißt auch, dass wir über die Lebenszeit hinweg und lebenslang unser Glück beeinflussen und durch Üben formen können.

Eine kurze Geschichte des Glücks

»Glück zu vertragen, ist nicht jedermanns Sache.«[37]

(Aristoteles, 384–322 v. Chr., griechischer Philosoph)

Bevor wir uns Ihrer ganz persönlichen Glücksbiografie widmen, wollen wir uns ansehen, welche Geschichte das Glück selbst durchlaufen hat. Seit es Menschen gibt und wir Zeugnisse von ihrem Denken und Handeln haben, existiert das Streben nach einem gelungenen, glücklichen Leben. Und dieses Streben geht selbstredend immer auch mit der Frage einher, wie ein glückliches Leben gelingen kann.

Über alle Kulturen und Zeiten hinweg ist diese Frage so aktuell, wie es die vielfältigen Tipps zur Lebenskunst sind, die in der Antike vor allem von Denkern und Philosophen beantwortet wurden und heutzutage von jeder und jedem, die oder der sich dazu berufen fühlt.

Und weil man mitunter nicht sicher sein kann, was man von der Flut an Ratschlägen für ein glückliches Leben halten und welche man für sich auswählen soll, lohnt sich ein Blick in die Geschichte. Indem wir uns damit vertraut machen, welche Richtlinien und Hinweise die Zeiten und Kulturen überdauert haben, können wir besser einschätzen, welche davon unter Umständen auch uns zu einem gelungenen und glücklichen Leben verhelfen.

Beginnen wir mit dem griechischen Philosophen Sokrates (469–399 v. Chr.), der überzeugt war, dass das Glück des Menschen darin liege, über das Gute nachzudenken. Er meinte damit sowohl die »richtige Lebensführung« für den Einzelnen als auch für die Gesellschaft. Dabei verstand er die Selbsterkenntnis und die darauf basierenden ethischen Haltungen als maßgebliche Faktoren für das Glück. Mit dieser Meinung befand er sich in der damaligen Zeit in guter Gesellschaft, denn Selbsterkenntnis, Tugend und Glück wurden im antiken Griechenland als zwingende Voraussetzungen für ein glückliches Leben angesehen.

Was sind Ihre ethischen Überzeugungen und Werte? Auf welche Weise tragen diese zu Ihrem Glück bei? Vielleicht möchten Sie im Rahmen dieser Übung Ihre Überzeugungen und Werte auch erst einmal prüfen und an Ihre aktuelle Lebenssituation anpassen, sozusagen als Basis für ein glückliches Leben.

An dieser Stelle möchte ich gern einen kleinen Exkurs zur Selbstfürsorge einschieben, die heute in zahlreichen Kontexten eine wichtige Rolle spielt, beileibe aber nichts Neues ist. Sokrates verstand darunter die Sorge um die eigene Seele. Dazu gehörte für ihn an erster Stelle die Selbstprüfung, um Überzeugungen aufzudecken, die dem eigenen Handeln zugrunde liegen. Diese sollten sodann auf Kohärenz und Konsistenz hin überprüft und aktualisiert werden.[38] Glück wurde also als Treue zu sich und seinen Werten verstanden.

Daraus könnte man folgenden Dreischritt ableiten:

1. Selbsterkenntnis,
2. daraus resultierende Freundschaft mit sich selbst (Selbstfürsorge), die wiederum
3. zu Wohlbefinden und Glück führt.

Führen Sie regelmäßige Selbstbefragungen durch? Sind Sie sich und Ihren Werten treu? Wie gelingt Ihnen die Freundschaft mit sich selbst?

Nach der kleinen Bestandsaufnahme in der vorherigen Übung notieren Sie jetzt bitte, wie Sie das in Zukunft mit der Selbstbefragung halten wollen und wie und auf welche Weise Sie Selbstfürsorge betreiben wollen. Werden Sie dabei so konkret wie möglich.

Hier noch eine Anekdote dazu, wie wichtig Sokrates die eigenen Thesen waren und wie er seinen Werten lebenslang treu geblieben ist. Als nach einem Prozess gegen ihn wegen Gottlosigkeit und Verführung der Jugend das Todesurteil gefällt wurde, soll er gesagt haben, dass man für das eigene Seelenglück notfalls besser tue, Unrecht zu erleiden als Unrecht zu tun. Das war auch die Begründung, warum er nicht versuchte, aus dem Gefängnis zu fliehen.[39] Und diese moralische Erhabenheit angesichts des Todes trug ebenso zu Sokrates' Ruhm bei wie sein einfacher Lebensstil und seine staunenswerte Körperbeherrschung.

Sokrates opferte also sein Leben, um seine persönlichen Werte zu bewahren. Seine Vorstellungen von Gerechtigkeit und Treue zu sich selbst waren ihm wichtiger als der Erhalt seines Lebens. Auch wenn ich nicht der Meinung bin, dass man so weit gehen muss, glaube ich doch, dass es für das eigene Glück wichtig ist, sich und seinen Werten treu zu bleiben, sogar dann, wenn daraus kurzzeitig Nachteile für einen selbst entstehen.

Wenden wir uns einem weiteren wichtigen Philosophen zu, der uns etwas über seine Ideen zum Lebensglück hinterlassen hat. Platon (428–348 v. Chr.) sah im Gleichgewicht von Vernunft, Willen und Begehren die Bedingungen fürs Glück. Seine Ideen waren denen seines Lehrers Sokrates ähnlich, wobei sein Fokus auf der Gerechtigkeit lag. Glück war für Platon vor allem eine Frage einer zur Gerechtigkeit verpflichteten Lebensführung.

Auf welche Weise hängen Glück und Gerechtigkeit für Sie zusammen und wie zeigt sich das? Beeinflusst das Ihre Entscheidungen und verschafft Ihnen das vielleicht sogar manchmal ein Glücksgefühl?

Für Aristoteles (384–322 v. Chr.) war glückselig, wer die eigenen Fähigkeiten innerhalb des Gemeinwesens entfaltet, mit äußeren Gütern versorgt ist und sein Leben tugendhaft verbringt. Für ihn gehörten das sittliche und das glückliche Leben zusammen. Zu erreichen ist es, indem man das Beste in sich aktiviert. Nur dadurch erlangt man Glück. Und das Beste im Menschen, so Aristoteles, ist seine Fähigkeit zum Denken. Setzt der Mensch diese typisch menschliche Tugend ein, erfährt er Glück.[40]

Dabei übersah Aristoteles jedoch, dass der Mensch nicht nur ein Gehirn hat und nur das Denken zum Glück führen kann, sondern dass wir auch einen Körper besitzen und es deswegen ebenfalls so etwas wie ein Glück der Sinne gibt.

Ein Philosoph, der die Sinne in das Zentrum seiner Überlegungen stellte, war Epikur (341–271 v. Chr.). Er sah das Lustprinzip als ausschlaggebend für ein gelingendes Leben an. Doch obwohl er heute deswegen als Glücksphilosoph gehandelt wird, ging es ihm gar nicht so sehr um die Hingabe an die Lust, sondern eher um die Vermeidung von Unlust. Man könnte das Ziel epikureischer Glücksphilosophie also in der Schmerzvermeidung sehen. Glück ließ sich laut Epikur durch eine Reduktion auf wenige notwendige Bedürfnisse erreichen. Ihm wird der Satz zugeschrieben: *Wem genug zu wenig ist, dem ist nichts genug.*[41]

Und diese antike Idee, dass wir durch Reduktion und Konzentration auf wenige, notwendige Bedürfnisse glücklicher werden, scheint heute aktueller und wichtiger denn je. Obwohl die meisten von uns von allem eher zu viel haben, wollen wir oft noch mehr und richten den Blick auf das, was fehlt, statt auf das, was da ist. Natürlich gibt es auch Bestrebungen in Richtung Reduktion und Genügsamkeit, aber wie ernst ist es uns damit wirklich? Sowohl in Hinblick auf materielle Güter als auch in Hinsicht auf unsere Wünsche und Ansprüche?

Sind Sie ein Mensch, für den, im Sinne von Epikur, »genug genug« ist? Oder neigen Sie dazu, immer mehr zu wollen? Wo und wie könnten Sie mit weniger zufrieden sein? Denken Sie dabei auch an das, was Sie im Leben erreichen wollen. Gäbe es auch in dieser Hinsicht eine genügsamere Variante, die mit weniger Stress und mehr Gelassenheit einhergeht?

Bleiben wir noch einen letzten Absatz lang bei Epikur, der uns eine weitere hilfreiche Botschaft an die Hand gegeben hat. Der Lustgarten, der auf ihn zurückgeführt wird, war keinesfalls ein Ort des Lasters oder der Ausschweifung, wie ihm das oft vorgeworfen wurde, sondern ein Ort der Begegnung. Epikur propagierte also keine Lebensart, die nach der ständigen Befriedigung sinnlicher Gelüste strebte, sondern war vielmehr ein Verfechter des gesunden Maßes und predigte eine Ethik der Mäßigung. Die Gesundheit des Körpers und der Seelenfrieden waren für ihn durch einen Verzicht auf übermäßige Wollust zu erreichen. Um zu erkennen, was einem langfristig guttue, müsse der Mensch seinen Verstand benutzen und Lust und Leid gegeneinander abwägen.

Diese Idee korrespondiert wiederum mit unseren Eingangsgedanken, dass eine kurzfristige Lustbefriedigung negative Konsequenzen haben kann (zum Beispiel Kopfschmerz nach Alkoholkonsum, Unwohlsein nach Völlerei, Minus auf dem Konto nach einem Shopping-Flash) und wir deswegen gut beraten sind, abzuwägen, was uns wirklich und langfristig glücklich macht. Wobei wir das zu jedem Zeitpunkt und in jedem Kontext neu entscheiden müssen. Wenn wir zum Beispiel einen Erfolg feiern wollen, kann es durchaus sein, dass es uns glücklich macht, an dem Tag Alkohol zu trinken und dafür in Kauf zu nehmen, dass wir am nächsten Morgen Kopfschmerzen haben.

Legen Sie eine Tabelle mit zwei Spalten an. In der einen notieren Sie, was Sie kurzfristig glücklich macht, und in der anderen, was auf lange Sicht zu Ihrem Glück beitragen könnte. Lassen Sie die Tabelle eine Zeitlang liegen und sehen Sie sich beide Spalten dann noch einmal an: Notieren Sie, was Ihnen auffällt. Ähneln sich die Spalten oder weichen sie voneinander ab? Was bedeutet das für Sie und Ihre Zukunft?

Ein allerletzter philosophischer Gedanke, bevor wir zu Ihrer ganz persönlichen Glücksbiografie kommen. Er wurde von Epiktet (50–135 n. Chr.) gedacht, einem Verfechter der stoischen Ethik, der den Weg zum Glück darin sah, sich nicht erschüttern zu lassen.

Bestimmt kennen Sie den Ausdruck der stoischen Haltung, die jedoch nicht meint, dass einem alles gleichgültig ist, sondern vielmehr, dass man Dinge, die man nicht ändern kann, gelassen hinnimmt, was zu einer inneren Freiheit dem Schicksal gegenüber führt. »Das Leben mag noch so wilde Kapriolen schlagen, der Stoiker versucht, sie zu ignorieren.«[42]

Vielleicht kennen Sie das »Gelassenheitsgebet«: »Lieber Gott, gib mir die Kraft, Dinge zu ändern, die ich ändern kann; die Gelassenheit, Dinge hinzunehmen, die ich nicht ändern kann, und die Weisheit, das eine vom anderen zu unterscheiden.«[43]

Sind Sie ein Mensch, der Unabänderliches gelassen akzeptieren kann? Wann gelingt Ihnen das und wann nicht? Was können Sie aus den Situationen lernen, in denen es gelingt, und wie können Sie feststellen, ob etwas unabänderlich ist?

II

WELCHE GESCHICHTE HAT IHR GLÜCK?

Wie sieht Ihre persönliche Glücksbiografie aus?

»Glücklich ist nicht, wer anderen so vorkommt, sondern wer sich selbst dafür hält.«[44]

(Seneca, etwa 1–65, römischer Dichter und Philosoph)

Kommen wir zu Ihrer ganz persönlichen Glücksbiografie. Dass wir uns diese ansehen, hat gleich mehrere Gründe. Zum einen ermöglicht Ihnen die Rückschau einen fairen, ausgewogenen Blick auf Ihr eigenes Leben. Indem Sie sich ansehen, wie Glück und Unglück in Ihrem bisherigen Leben verteilt waren, lassen Sie sich und Ihrem Leben eine Art Gerechtigkeit widerfahren. Zum anderen ergeben sich durch den Rückblick vielleicht neue Erkenntnisse. Denn je nachdem, wie es einem gerade geht, tendiert man dazu, etwas entweder zu negativ oder zu positiv zu sehen, was beides wenig hilfreich ist. Wenn es einem schlechtgeht, führt die Enttäuschungsbrille nur dazu, dass man sich noch unglücklicher fühlt. Aber auch wenn man eine rosarote Brille aufsetzt, kann das ungünstige Folgen haben. Dann kann es beispielsweise passieren, dass man sich überschätzt und im Hier und Jetzt unnötige Risiken eingeht. Nach dem Motto: Wird schon gut gehen, ist bisher noch immer gut gegangen.

Ein weiterer Grund, warum Ihre Glücksbiografie wichtig ist, liegt darin, dass man Ereignisse aus zeitlicher Distanz anders beurteilt. Dabei mag es durchaus vorkommen, dass wir etwas, das wir ehedem für ein Unglück hielten, im Nachhinein als glücklichen Zufall bewerten. Wer hätte nicht schon von jemandem gehört, der seinen Arbeitsplatz verloren und dann durch Zufall, respektive Glück, einen besseren gefunden hat? Ähnliches mag für Beziehungen gelten oder etwas, das wir uns ersehnt und womöglich nicht erreicht haben, bei dem wir dann aber festgestellt haben, dass das, was wir stattdessen »bekommen« haben, viel passender ist und uns viel glücklicher macht.

Zudem gibt es immer wieder Ereignisse oder Augenblicke in unserem Leben, die wir mit der Überschrift *Glück im Unglück* versehen würden und auf die wir auf Seite 67 ff. noch näher eingehen werden. Und auch hier lohnt es sich, genauer hinzusehen, was wir uns gewünscht haben und als Glück empfunden hätten, was dann tatsächlich eingetreten ist und was zu der Transformation geführt hat, die für uns ein mögliches Unglück zum Glück hat werden lassen.

Sobald Sie wissen, wie es um das Glück und Unglück in Ihrem bisherigen Leben bestellt war, erhalten Sie einen guten Kompass für Ihr zukünftiges Leben. Zum einen können Sie aus diesem Rückblick schließen, was Sie glücklich beziehungsweise unglücklich macht, und zum anderen sehen Sie, welche Zustände und Umstände zu Ihrem Glück und Unglück beigetragen haben. Danach können Sie versuchen, Voraussetzungen zu schaffen, um das eine zu vermehren und das andere zu vermindern.

Notieren Sie alles, was Ihnen an Glück in Ihrem Leben widerfahren ist, und alles, was Sie aktuell glücklich macht.

Notieren Sie alles, was Ihnen an Unglück in Ihrem Leben widerfahren ist, und alles, was Sie aktuell unglücklich macht.

Betrachten Sie die Texte aus den beiden vorherigen Übungen und fragen Sie sich, ob Sie einen roten Faden oder Muster erkennen. Notieren Sie spontan und assoziativ, was das für Sie und Ihre Zukunft bedeuten könnte.

Steht das Müssen Ihrem Glück im Weg?

»Mit dem Prinzip des Nutzens ist jenes Prinzip gemeint, das jede beliebige Handlung gutheißt oder missbilligt entsprechend ihrer Tendenz, das Glück derjenigen Gruppe zu vermehren oder zu vermindern, um deren Interessen es geht.«[45]

(Jeremy Bentham, 1748–1832, englischer Jurist, Philosoph und Sozialreformer)

Weil ich mir vorstellen kann, dass die Maximen von Nietzsche und Kant auf Ihr Leben und Glück mehr Einfluss hatten, als Sie vielleicht denken, selbst wenn die beiden Namen in Ihrer Erziehung nie genannt wurden, wollen wir uns ansehen, welche glücksfeindlichen Fallen die beiden mit ihren Philosophien aufgestellt haben, wie wir in unserer Kindheit in sie hineingelockt wurden und wie wir diese in Zukunft umgehen können.

Nachdem sich die Philosophen der Antike mit dem Glück beschäftigt haben, hält diese Auseinandersetzung in der Neuzeit an. Während es in Europa zur Aufklärung kommt, entwickelt sich in den USA der Utilitarismus. Lapidar könnte man sagen, dass der Utilitarismus das Glückskonzept von Epikur aufgreift und weiterführt, während Kant sich an der vernunftorientierten Philosophie der Stoiker orientiert. So unterschiedlich diese beiden philosophischen Richtungen aber auch sein mögen, fokussieren sich beide doch mehr auf das gesellschaftliche Wohl als auf das individuelle Glück.

Zwei Namen, die im Zusammenhang mit dem Utilitarismus genannt werden müssen, sind Jeremy Bentham und John Stuart Mill. Bentham brachte den Utilitarismus auf die Formel vom größten Glück der größten Zahl und Mill ging von einer ganz ähnlichen Prämisse aus. Er hatte die Idee, dass Handlungen, die das Glück befördern, moralisch richtig sind, während solche, die kein Glück befördern, moralisch falsch sind.[46]

Während Bentham eine Lust-Schmerz-Relation ermittelte, um Situationen zugunsten der lustvollen Seite zu optimieren, stellte Mill heraus, dass Lust- und Glücksideen nicht im Widerspruch zu wissenschaftlicher, künstlerischer und humanitärer Tätigkeit stünden. Bekannt geworden ist Mills Aussage: »Es ist besser, ein unzufriedener Mensch zu sein als ein zufriedenes Schwein; besser ein unzufriedener Sokrates als ein zufriedener Narr.«[47]

Man könnte sagen, dass das Glück für Utilitaristen in einem Überwiegen von Lustgefühlen besteht. Das führt dazu, dass Situationen und Handlungen allein danach bewertet werden, ob sie Lust oder Unlust erzeugen. Dies hat den Philosophen Rüdiger Safranski[48] zu einem gedanklichen Experiment angeregt: Er schlug vor, einem gefesselten Menschen ein Mittel zu injizieren, das ihn in einen lustvollen Zustand versetzt, um dann zu fragen, ob dieser Mensch als glücklich zu bezeichnen sei. Bevor ich Safranskis Antwort verrate: Was denken Sie?

Kann ein Mensch, der mittels einer Injektion in einen lustvollen Zustand versetzt wurde, als glücklich bezeichnet werden? Wie würden Sie sich fühlen, wenn Sie dieser Mensch wären?

Safranski kommt zu der Erkenntnis, dass ein solcher Mensch wohl kaum im Zustand der Glückseligkeit ist, da sein Glück nicht in Bezug zu seinem Dasein und Handeln steht und weder auf Begegnung noch Erleben beruht. Glück scheint also nichts zu sein, was wir losgelöst von unserem Handeln, Denken und Fühlen erfahren können, sondern etwas, das unmittelbar an unser Leben gebunden ist. Wie wir einen anderen Menschen auch nicht lieben, um glücklich zu sein, sondern ihn lieben und deswegen glücklich sind.

Demnach befinden wir uns nicht auf der Suche nach einem freischwebenden Glückzustand, sondern nach Dingen, die uns glücklich machen. Glück ist an unser Leben gebunden und nur wenn wir unser Leben entsprechend ausrichten, werden wir Glück erfahren. Es kann nicht von außen an uns herangetragen werden, wir können auch nicht von außen von unserem Unglück oder unserer Unzufriedenheit erlöst werden.

Kommen wir zu einem deutschen Philosophen, der uns das Glück immer ein wenig madig gemacht hat. Während sich die Utilitaristen an der Lust orientieren, um Glück zu erlangen, stehen in Kants Denken ethische Normen im Vordergrund. Kant fordert uns nicht etwa dazu auf, nach dem Glück zu streben, sondern setzt die Moral an die erste Stelle: »Daher ist auch die Moral nicht eigentlich die Lehre, wie wir uns glücklich machen, sondern wie wir der Glückseligkeit würdig werden sollen«.[49] Wir müssen uns unser Glück also verdienen, indem wir aufrichtig und moralisch leben und handeln. Kommt Ihnen das bekannt vor?

Mit welchen Leit- und Glaubenssätzen sind Sie groß geworden? Mussten Sie sich Ihr Glück erst verdienen? Sich des Glückes als würdig erweisen? Müssen Sie das noch immer? Notieren Sie die Glaubenssätze Ihrer Kindheit. Welche hilfreicheren Glaubenssätze könnten ab jetzt gelten? Versuchen Sie, für jeden hinderlichen Leitsatz einen förderlichen zu finden und streichen Sie den alten durch. Wie geht es Ihnen damit?

Für Kant war das Wichtigste eine klare Richtlinie für das eigene Leben und Verhalten. Ein Mensch, der ein ruhiges Gewissen hat, kann sich glücklich schätzen, so die Idee. Und weil bei Kant die Moral immer an erster Stelle stand, wurde ihm mitunter Lust- und Glücksfeindlichkeit vorgeworfen, ebenso wie Hegel, Schopenhauer und Nietzsche.[50] Es ist wohlgemerkt nichts verkehrt daran, klare Richt- und Leitlinien für das eigene Leben zu haben, aber diese sollten nicht immer und schon gar nicht auf lange Sicht zu unserem Nachteil gereichen. Anders ausgedrückt: Wenn ich anderen Glück gönne und mich ihnen gegenüber freundlich und ethisch-moralisch einwandfrei verhalte, sollte ich das mir selbst gegenüber ebenfalls tun.

Schaffen Sie es, sich ebenso freundlich zu behandeln, wie Sie Ihre besten Freunde behandeln? Falls Sie mit sich selbst strenger sind als mit anderen, was könnte dabei helfen, dass Sie sich in Zukunft mehr wie einen Freund oder eine Freundin sehen? Notieren Sie, was Sie in den nächsten Tagen und Wochen Freundliches für sich selbst tun wollen.

Das Bewusstsein, ein moralisches oder religiöses Leben zu führen, kann selbstverständlich zum Glück beitragen. Nur ist der moralische Zeigefinger, mit dem die meisten von uns erzogen wurden, dabei wenig hilfreich. Angemerkt sei zudem, dass Kant nicht nur davon gesprochen hat, sich moralisch einwandfrei zu verhalten, sondern auch, dass es die Pflicht eines jeden sei, so glücklich wie möglich zu werden. Diesem Diktum ist er selbst jedenfalls nicht gefolgt, denn sein Leben orientierte sich vor allem an der Pflicht.

Wie verhält es sich in Ihrem Leben mit Pflicht, Glück und Lust? Haben Sie eine gute Balance gefunden oder soll sich daran etwas ändern?

Der letzte Philosoph, mit dem wir uns beschäftigen wollen, ist Nietzsche, weil bei ihm deutlich wird, welche Rolle eine sinnvolle und erfüllende Tätigkeit für das persönliche Glück spielt. Nietzsche vertrat die Meinung, dass einem das Glück zuwachse, wenn man eine Arbeit verrichte, die einen erfülle. Nur über den Umweg einer leidenschaftlich verrichteten Arbeit werde man glücklich, so Nietzsche.

Macht es Sie glücklich, befriedigenden Tätigkeiten nachzugehen? Welche Tätigkeiten sind das und haben Sie das Glück, diese beruflich auszuüben? Sofern nicht, gibt es eine Option, in der Zukunft einer Arbeit nachzugehen, die Sie sinnvoll und erfüllend finden? Was können Sie dafür tun?

Ein letzter Aspekt, den wir bei Nietzsche beleuchten wollen, ist sein dualistisches Denken. Er war der Meinung, dass es das Glück nicht ohne das Unglück gebe, die Lust nicht ohne die Unlust. Nietzsche ging sogar so weit, zu behaupten, Schmerz sei die Voraussetzung für ein gelingendes Leben. Diese Aussage ist allerdings vor dem Hintergrund zu sehen, dass Nietzsche sich als Künstler verstand, unter denen zur damaligen Zeit die Idee herrschte, Schmerz lasse sich in Kunst transformieren. Ergo stellte das Schreiben für Nietzsche die Möglichkeit dar, sein Leiden in sein Leben zu integrieren. Dabei ging es ihm in erster Linie um ein intensives Leben. Ob die Intensität durch Schmerz oder Lust erzeugt wird, war für ihn sekundär, weswegen dem Glück bei Nietzsche immer auch ein Leiden innewohnt: »Wie, wenn nun Lust und Unlust so mit einem Strick zusammengeknüpft wären, dass, wer möglichst viel von der einen will, auch möglichst viel von der anderen haben muss […]?«.[51]

Wie gehen Sie mit Schmerz und Leid um? Sind Lust und Unlust tatsächlich untrennbar miteinander verbunden und kann man das eine nur zum Preis des anderen haben?

Was bedeuten Ihnen Glücksbringer?

»Im Prinzip bin ich ja wirklich nicht abergläubisch, aber wenn wir heute tatsächlich Freitag den 13. haben, komme ich doch lieber ein andermal wieder.«[52]

(Alexander Sergejewitsch Puschkin, 1799–1837, russischer Dichter)

Lassen Sie uns von den Philosophen und ihren moralischen Glaubenssätzen zu den Glücksbringern kommen. Führen diese wirklich zum Glück? Wer legt fest, was ein Glücksbringer ist? Bringen Elefanten ausschließlich in Indien Glück oder auch in Deutschland? Was ist mit schwarzen Katzen? Müssen die von links nach rechts oder von rechts nach links über die Straße laufen, um Glück oder Unglück zu bringen? Gibt es in der Mongolei überhaupt vierblättrigen Klee? Was ist mit dem ans Hufeisen gebundene Glück in Ländern, in denen Pferde nicht beschlagen werden?

Glauben Sie an Glücksbringer? Haben Sie welche und wenn ja, von wem oder woher haben Sie diese? Haben Sie als Kind an Glücksbringer geglaubt und hat sich im Verlauf Ihres Lebens etwas daran geändert? Schreiben Sie eine Biografie über Ihre Glücksbringer.

Warum wechseln Glückssymbole eigentlich nicht mit der Zeit? Das Hufeisen stammt aus einer Epoche, in der Kutschen auf den Straßen fuhren und es wahrscheinlich war, ein Hufeisen zu finden. Heute ist das in Deutschland nicht mehr der Fall. Deswegen schlägt Eckart von Hirschhausen vor, wir sollten uns Feinstaubbeutel statt Hufeisen über die Tür hängen, und fragt, ob es heute in Ermangelung eines Schornsteinfegers ausreicht, den Heizungsinstallateur zu berühren.[53]

Die Frage, die sich unabhängig von Epochen und Ritualen stellt, ist doch die: Warum suchen wir uns seltene Dinge aus, um unser Glück daran festzumachen? Weil das Glück selten sein muss, um besonders zu sein? Oder weil wir mit der Wahl der Glücksbringer zum Ausdruck bringen wollen, dass das Leben aus mehr unglücklichen denn glücklichen Momenten besteht? Kann man letztlich nicht alles als Glücksbringer einsetzen, weil es nicht die Objekte sind, die Berge versetzen, sondern der Glaube? Was, wenn man einen Glücksbringer bei sich trägt, von dem man nichts weiß, beispielsweise ein Centstück in der Hosentasche oder im Portemonnaie?

Schreiben Sie eine Geschichte, wie Glücksbringer funktionieren. Lassen Sie Ihrer Fantasie freien Lauf, die Geschichte darf gern magisch werden.

Der britische Psychologe Richard Wiseman[54] hat herausgefunden, dass Menschen, die besonders viele Glücksbringer haben, weniger Glück erfahren als diejenigen, die wenige oder gar keine besitzen. Er erklärt das Phänomen damit, dass jemand, der zu sehr an Glücksbringer glaubt, oft verpasst, selbst das Notwendige zu seinem Glück beizutragen. Das wirft wieder die Frage auf, ob Glück einem zufällt oder ob man etwas dafür tun kann und muss.

Ich denke, dass Wisemans Botschaft wahr und unwahr zugleich ist. Wahr ist sie, weil Menschen, die darauf warten, dass das Glück zu ihnen kommt, in der Tat oft versäumen, selbst etwas dazu beizutragen. Unwahr ist sie, weil Menschen, die Glücksbringer sammeln, ans Glück glauben, ergo empfänglicher dafür sind und deswegen kaum weniger Glück haben werden.

Die Botschaft ist aber nicht nur wahr und unwahr zugleich, sondern auch unsinnig, weil es keinen Grund gibt anzunehmen, dass Dinge, die man als Glücksbringer benennt, überhaupt einen Einfluss auf das Glück haben. Da dieser Glaube allerdings schon sehr lange existiert, wollen wir uns die Geschichte der Glücksbringer einmal etwas genauer ansehen.

Vierblättriger Klee soll Glück bringen, weil die biblische Eva ihn als Andenken aus dem Paradies mitgenommen hat. Der Glückspfennig galt als Symbol für Reichtum und wurde mit dem Wunsch verschenkt, dem Empfänger möge das Geld nie ausgehen. Zudem galt der Pfennig als Symbol für den goldenen Tauftaler oder den Weihgroschen, der an die Stalltür genagelt wurde, um Hexen zu vertreiben. Laut Wikipedia tritt das Cent-Stück an die Stelle des Pfennigs.[55] Aber mal ehrlich: Ist Wikipedia für die Umwidmung von Glücksbringern zuständig?

Ich möchte Sie zu folgendem Experiment einladen: Laufen Sie eine Woche lang mit und eine Woche ohne Glückscent in der Tasche herum und notieren Sie in beiden Wochen, was Ihnen an Glück und Unglück widerfährt.

Das Hufeisen gilt als Glücksbringer, weil es Pferde schützt und diese schon immer als Symbol für Stärke und Kraft standen und wertvolle Tiere sind. Am Türbalken befestigt soll das Hufeisen Haus und Hof vor bösen Geistern schützen und dem Teufel auf den Kopf fallen, sollte er versuchen, in Menschengestalt ins Haus zu kommen. Ein nach oben hin offenes Hufeisen stellt einen glücksfangenden Brunnen dar; hängt man es hingegen umgekehrt auf, fällt das Glück heraus. Ein Hufeisen, das nach rechts hin offen ist, symbolisiert das C für Christus, und früher wurden Hufeisen auch an Schiffsmasten befestigt, um eine sichere Fahrt zu gewährleisten.

Wie halten Sie es mit dem Hufeisen? Oder hat es für Sie keine Bedeutung?

Der Marienkäfer bringt Glück, weil er als Himmelsbote der Mutter Gottes verstanden wird. Der Volksmund sagt, dass er Kinder beschützt und Kranke heilt. Sobald er einem zufliegt, darf man ihn weder abschütteln noch töten, weil man sonst Pech hat. Das Schwein wurde zum Glücksbringer, weil es ein Symbol für Wohlstand und Fruchtbarkeit darstellt. Den Germanen war der Eber heilig, da er den Wagen des Gottes Freyr zog. *Schwein gehabt* meint so viel wie *Glück gehabt* und zum Jahreswechsel werden Marzipanschweine verschenkt, manchmal mit einem Pfennig oder Kleeblatt im Maul oder zusammen mit einem Schornsteinfeger, der zum Glückssymbol wurde, weil es früher einer Katastrophe glich, wenn der Kamin nicht zog. Dann war es nicht nur kalt im Haus, sondern man konnte auch kein Essen zubereiten. Sobald der Schornsteinfeger den Kamin jedoch gesäubert hatte, war es wieder möglich zu kochen und zu heizen, und das sicherte das Überleben und verringerte das Risiko eines Hausbrands durch angesetzten Ruß.

Haben Sie zu Silvester schon einmal ein Schwein oder einen Schornsteinfeger aus Marzipan geschenkt bekommen oder selbst verschenkt? Welche Bedeutung hat das für Sie? Und noch wichtiger: Zog das glücklichen Fügungen nach sich?

Kommen wir von den Glücksbringern zu den Unglücksboten: zerbrochene Spiegel, Raben, Freitag, der Dreizehnte und schwarze Katzen, deren Rätsel wir hier auflösen wollen: Sie bringen Unglück, wenn sie von links nach rechts über die Straße laufen, weil die linke die schwache Seite ist.

Unter einer Leiter hindurchzugehen, bringt ebenfalls Unglück, weil man damit das Schicksal herausfordert. Steht man mit dem falschen Fuß auf, ist der Tag verdorben. Zündet man eine Zigarette an einer Kerze an, stirbt ein Seemann. Verschüttetes Salz führt zum Streit und wenn Raben sich auf dem Dach des eigenen Hauses niederlassen, wird ein Bewohner krank, außer man wehrt den bösen Zauber durch dreimaliges Ausspucken ab.

Fällt der Dreizehnte eines Monats zudem noch auf einen Freitag, ist das Pech gewissermaßen vorprogrammiert, weil Dreizehn eine Unglückszahl ist und der Freitag ebenfalls Unglück bringt, weil Adam und Eva freitags in den verbotenen Apfel gebissen haben und Jesus an einem Freitag gekreuzigt wurde. Am Freitag, den Dreizehnten berichten die Medien regelmäßig über Unglücksmythen, wobei die meisten davon an Bedeutung verloren und nur die schwarze Katze sowie die Dreizehn überdauert haben.

Der Aberglaube mit der Dreizehn hat zudem einen christlichen Ursprung: Beim letzten Abendmahl saßen dreizehn Personen am Tisch; der Dreizehnte war Judas. Außerdem gibt es dreizehn Vollmonde im Jahr und dreizehn Hexen bilden einen Zirkel. Dreizehn ist die bevorzugte Zahl des Teufels und in zahlreichen Gebäuden existiert kein dreizehntes Stockwerk, weil viele Menschen dort weder arbeiten noch wohnen wollen. Gleiches gilt für einige Krankenhäuser, in denen es keinen dreizehnten Stock gibt, weil die Menschen Sorge haben, dort schneller zu sterben.

Wie halten Sie es mit Freitag, dem Dreizehnten? Können Sie sich an Freitage erinnern, die auf den Dreizehnten fielen und an denen Ihnen etwas Besonderes passiert ist?

Seit 1950 erforscht das Freiburger Institut für Grenzgebiete der Psychologie und Psychohygiene (IGPP), wie Menschen Aberglaube und übersinnliche Erfahrungen handhaben. Es hat festgestellt, dass die meisten einen spielerischen Umgang damit pflegen und merkwürdige Erlebnisse eher psychologisch denn religiös begründen. Zugleich gaben die Befragten jedoch preis, dass sie von einem möglichen Aberglauben nur unter dem Siegel der Verschwiegenheit sprechen, um nicht als Spinner zu gelten.[56]

Schreiben Sie über Ihren Umgang mit Aberglauben und übersinnlichen Ereignissen. Was haben Sie in dieser Hinsicht erlebt? Und keine Sorge: Das Papier gibt Ihnen einen Schutzraum, sodass niemand Sie für seltsam halten wird.

Hatten Sie schon einmal Glück im Unglück?

»Zuerst hatten wir kein Glück und dann kam auch noch Pech dazu.«[57]

(Jürgen Wegmann, geb. 1964, deutscher Fußballspieler)

Schon früher in diesem Kapitel war die Rede vom *Glück im Unglück.* Aber was ist damit eigentlich gemeint? Dass alles noch schlimmer hätte kommen können? Dass wir uns glücklich schätzen sollen, dem ganz großen Unglück noch einmal entkommen zu sein? Und ist der Begriff des Unglücks ebenso abstrakt wie der des Glücks? Oder doch konkreter, im Sinne einer eintretenden Katastrophe, eines Schicksals oder dem, was man im Alltag als Pech bezeichnet? Und ist Unglück genauso flüchtig wie Glück oder haben wir von einem Schicksalsschlag ironischerweise länger etwas als von einer glücklichen Fügung?

Eine Frage lässt sich jedenfalls einfach klären. Die Sentenz *Glück im Unglück* stammt aus der chinesischen Parabel *»Glück und Unglück erzeugen sich gegenseitig und es ist schwierig, ihren Wechsel vorauszusehen«* aus dem zweiten Jahrhundert vor Christus:

»Ein rechtschaffener Mann lebte nahe der Grenze. Ohne Grund entlief ihm sein Pferd auf das Gebiet der Barbaren. Alle bedauerten ihn. Sein Vater sprach: ›Wer weiß, ob das nicht Glück bringt?‹ Monate später kam sein Pferd mit einer Gruppe Barbarenpferde zurück. Alle beglückwünschten ihn. Sein Vater sprach: ›Wer weiß, ob das nicht Unglück bringt?‹ Ein reiches Haus hatte gute Pferde und der Sohn stieg mit Freuden auf.

Dabei fiel er und brach sich ein Bein. Alle bedauerten ihn. Sein Vater sprach: ›Wer weiß, ob das nicht Glück bringt?‹ Ein Jahr später fielen die Barbaren über die Grenze ein. Die erwachsenen Männer bespannten ihre Bögen und zogen in den Kampf. Neun von zehn Grenzbewohnern wurden dabei getötet, mit Ausnahme des Sohnes wegen seines gebrochenen Beins. Vater und Sohn waren geschützt. Daher: Unglück bewirkt Glück und Glück bewirkt Unglück. Dieses passiert ohne Ende und niemand kann es abschätzen.«[58]

Beim *Glück im Unglück* geht es also nicht nur darum, dass alles noch viel schlimmer hätte kommen können, sondern dass wir selten wissen, ob etwas Glück oder Unglück ist, weil wir immer nur einen kleinen Ausschnitt des Ganzen sehen und in der jeweiligen Situation nicht wissen können, welche langfristigen Konsequenzen vermeintliches Glück oder Unglück haben wird. *Glück im Unglück* ist also durchaus dem Sinnspruch *»Wer weiß, für was es gut ist«* verwandt oder dem Satz *»Glück und Unglück liegen nah beieinander«.*

Ist es Ihnen auch schon einmal passiert, dass sich etwas, das Sie als Unglück angesehen haben, später als Glück herausgestellt hat und umgekehrt? Beschreiben Sie für beide Fälle eine Situation und überlegen Sie, was in Ihrem Leben bisher häufiger vorgekommen ist.

Es gibt unzählige Bücher, die sich mit dem Thema *Glück im Unglück* beschäftigen und das sogar im Titel tragen, wie das Kinderbuch »Pitje Puck hat Glück im Unglück«[59], der Liebesroman »Glück im Unglück – Silver Cove Serie 3«[60] oder der Heftroman »Dr. Stefan Frank – Folge 2271: Glück im Unglück«[61] sowie der Ratgeber »Vom Glück im Unglück: Aus Enttäuschungen im Leben lernen«[62], der philosophische Text »Glück im Unglück: Philosophische Überlegungen«[63] sowie der Titel »Glück im Unglück: Wie ich trotz schlechter Nachrichten optimistisch bleibe«[64]. Allen gemeinsam ist die Idee, dass nicht alles Unglück ist, was danach aussieht, Glück und Unglück nahe beieinanderliegen und das eine in das andere übergehen kann.

»Menschenmöglich ist nicht das vollkommene Glück, sondern – inmitten von Übeln – das unvollkommene: das Glück im Unglück«, schreibt der deutsche Philosoph und Essayist Odo Marquard[65] und vertritt dabei die Meinung, dass der Mensch das vollkommene Glück gar nicht ertragen würde. »Die Menschen sind endlich. Sie sind seinsmäßig nicht so gut gestellt, dass sie es sich leisten könnten, das Unvollkommene zu verschmähen. Denn das absolut Vollkommene haben sie nicht und würden es auch nicht aushalten. Sie brauchen Entlastung vom Absoluten und dafür das Unvollkommene«.[66]

Denken Sie auch, dass das vollkommene Glück nur schwer auszuhalten wäre? Erinnern Sie sich an eine Situation, in der das Glück so überwältigend war, dass Sie es kaum ertragen haben?

Über *Glück im Unglück* kann man zudem scheinbar lachen, da es wie ein Missgeschick daherkommt und das wirklich dicke Ende ausbleibt. So jedenfalls zeigen es zahlreiche Videos auf Youtube.[67] Beim *Glück im Unglück* nimmt ein schicksalhaftes Geschehen eine gute Wendung, fast so wie Oscar Wilde es beschrieben hat: »Am Ende wird alles gut und wenn es noch nicht gut ist, ist es noch nicht das Ende«.[68]

Während es zahlreiche philosophische Auseinandersetzungen über das Glück gibt, existieren diese allerdings nicht für das Unglück oder das Pech. Das Wort »Pech« wird überhaupt erst seit dem 18. Jahrhundert im Sinn von Unglück oder Missgeschick gebraucht. Doch mit dem Unglück verhält es sich ähnlich wie mit dem Glück, auch der Unglücksfall ist eine Frage der Perspektive und die Übergänge zwischen kleinen Alltagsübeln und tatsächlichem Unglück sind fließend.

Beschreiben Sie eine Episode, in der Sie Pech hatten, und eine, in der wahrhaftes Unglück Sie heimgesucht hat. Worin unterscheiden sich diese beiden Situationen?

Gelingt es Ihnen, das fliehende Glück zu fangen?

*»Denn alle rennen nach dem Glück/
Das Glück rennt hinterher.«*[69]

(Bertolt Brecht, 1898–1956, deutscher Dramatiker, Librettist und Lyriker)

Ist es tatsächlich so, wie schon Brecht gedichtet hat, dass das Glück flieht, wenn wir ihm hinterherrennen? Dass wir es nicht erreichen, wenn wir zu sehr danach streben? Wissenschaftler aus Newark und Toronto fanden jedenfalls heraus, dass eine zu angestrengte Suche nach dem Glück unzufrieden macht.[70] Das leuchtet ein, weil eine angestrengte Suche das Gegenteil von Entspannung, Wohlgefühl und Glück darstellt und außerdem einiges an Zeit kostet, die wiederum für unser Wohlbefinden verlorengeht.

Sich im Hier und Jetzt als glücklich zu empfinden, könnte demnach glücklicher machen, als beständig nach dem ganz großen Glück zu streben. Zumal Glück nicht planbar ist. Es funktioniert nicht, wenn wir uns in den Kalender schreiben, dass wir glücklich sein wollen.

Der österreichische Psychiater Viktor Frankl[71] ist der Meinung, dass sich uns das Glück in dem Maße entzieht, in dem wir es ertrotzen wollen. Und gemäß Frankl geht es auch nicht darum, um jeden Preis glücklich zu sein, sondern etwas zu finden, aufgrund dessen wir glücklich sein können. Sobald ein Grund existiert, stellt sich das Glück gewissermaßen von allein ein. Bestimmen wir das Glück hingegen zum einzigen Ziel unseres Handelns, werden wir es verfehlen.

Das korrespondiert mit Nietzsches Idee, dass es keinen Sinn ergibt, nach dem Glück an sich zu streben, sondern man vielmehr Tätigkeiten und Aktivitäten finden muss, die das Glück gewissermaßen im Gepäck mit sich führen. Vielleicht haben Sie schon einmal vom Flow-Erleben gehört, das auch glücklich machen soll oder besser gesagt ein Zustand ist, in dem wir Glück empfinden, weil wir vollständig in einer Tätigkeit aufgehen.

Der Begriff des Flow geht auf den ungarischen Psychologen Mihály Csíkszentmihályi[72] zurück, der sich mit den Bedingungen von Kreativität auseinandergesetzt und zahlreiche kreative Menschen zu ihrem Schaffen befragt hat. Die Idee des Flows oder Flow-Erlebens, also des vollkommenen Aufgehens und Versunkenseins in einer Tätigkeit, korrespondiert mit den Gedanken des Romanciers Pascal Bruckner, der schreibt: »[…] dass wir weder die Meister noch die Eigentümer des flüchtigen Glücks sind: Es entweicht unseren Händen, sobald wir es greifen wollen, und zeigt sich uns, wenn wir es am wenigsten erwarten«.[73]

Welche Erfahrungen haben Sie mit dem fliehenden Glück? Haben Sie schon erlebt, dass sich das Glück entzieht, sobald Sie nach ihm greifen? Es sich Ihnen umgekehrt aber zeigt, wenn Sie ganz und gar in einer Tätigkeit aufgehen? Welche Aktivitäten lassen Sie Zeit und Raum vergessen und vollständig im Augenblick aufgehen?

Sich Glück und Erfolg zu wünschen und sich zu freuen, wenn beides eintritt, ist gut und schön; richtet man dagegen sein ganzes Denken und Fühlen darauf aus, kann das schnell zur Besessenheit führen und zum Hindernis auf dem Weg zum Glück werden. Insbesondere dann, wenn das, wonach wir streben, stark an die Glücksversprechen der Medien angelehnt ist und sich an Konsum, sozialem Prestige und Status orientiert. Denn wenn wir dann nicht erreichen, was die Medien für ein glückliches Leben als unerlässlich erachten, müssen wir uns zwangsläufig unglücklich fühlen und unser Leben für verfehlt halten. Auch wenn das ebenso absurd wie fatal ist, tappen wir doch alle von Zeit zu Zeit in eben diese Falle.

Dabei können uns sowohl die Glücksversprechen der Medien als auch die unserer Nachbarn und Freunde nur in die Irre führen. Die Medien sind auf Konsum ausgerichtet und das, was unsere Nachbarinnen und Freundinnen glücklich macht, muss nicht das sein, was uns glücklich macht. Das hört sich banal und klar an, dennoch sind wir nicht immer in der Lage, diese psychologischen Fallen zu umgehen. Nicht umsonst heißt es, dass das Gras beim Nachbarn immer grüner ist.

Was wir dabei anscheinend vergessen: Meist erhalten wir nur einen sehr oberflächlichen Blick auf andere Menschen und auf das, was sie glücklich und zufrieden macht. Wir treffen und erleben andere Menschen immer punktuell, sodass es sich um Momentaufnahmen handelt, was wir von ihrem Leben erfahren. Und selbst wenn sie uns erzählen, wie es ihnen tatsächlich geht und was sie glücklich oder unglücklich macht, sind das trotzdem meist nur Ausschnitte ihres Lebens.

Hinzu kommt, dass Leute dazu neigen, sich und ihr Leben positiver darzustellen, als es ist. Zum einen, weil sie es sich selbst so wünschen, und zum anderen, weil sie im Sinne der sozialen Erwünschtheit reagieren. Außerdem kann es sein, dass andere schon mit weniger zufrieden und glücklich sind, als wir das wären, sodass auch hier jeder Vergleich sinnlos ist.

Was unser Glück zudem schmälern kann, sind hochgesteckte Ziele und Ideale, die unerreichbar sind, sodass wir nur enttäuscht sein können. Indem wir unerreichbaren Zielen oder Idealen hinterherrennen, erschöpfen wir uns so, dass an Glück nicht mehr zu denken ist.[74]

Sind Sie perfektionistisch und in welchem Verhältnis steht Ihr Perfektionismus zu Ihrem Glücksempfinden? Beschreiben Sie eine konkrete Situation, in der Ihre hochgesteckten Ziele Sie eher unglücklich denn glücklich gemacht haben.

Der französische Philosoph Lenoir rät: »Das Glück erhoffen und erstreben, aber dabei gelassen bleiben, geduldig, frei von überzogenen Erwartungen, ohne Verkrampfung – mit offenem Herzen und offenem Geist.«[75] Klingt fast wie eine buddhistische Haltung und ist sicher etwas, das nicht leicht zu erreichen ist, vor allem, wenn es um unsere Herzenswünsche geht, deren Erfüllung wir uns zu Recht ersehnen und von denen wir zuweilen unser Lebensglück abhängig machen. Es ist per se auch nicht verkehrt, sich seine Träume erfüllen zu wollen, nur sollten wir offen für mögliche Alternativen sein.

Welche Herzenswünsche hatten Sie früher? Haben diese sich erfüllt? Welche Lebensträume haben Sie heute und was tun Sie, um diese zu verwirklichen? Wie gehen Sie damit um, wenn diese sich nicht erfüllen?

Wir hatten es schon, dass sich das Glück ebenso wenig erzwingen oder planen lässt wie Spontanität. Ich kann nicht in meinen Terminkalender schreiben: am 9. November um 15:00 spontan sein. Genauso absurd ist es zu schreiben: glücklich sein. Ich kann auf Knopfdruck und Befehl weder spontan noch glücklich sein. Ich kann für beides nur günstige Bedingungen schaffen.

Schreiben Sie an Ihr früheres Ich. Welchen Tipp möchten Sie diesem Ich geben, wenn es um Herzenswünsche geht? Was empfehlen Sie Ihrem früheren Ich, damit das Glück nicht flieht, sondern kommt?

III

GLÜCK ODER EINSTELLUNGSSACHE?

Wie ist Ihre Einstellung zum Glück?

»Sich glücklich fühlen können, auch ohne Glück – das ist Glück.«[76]

(Marie von Ebner-Eschenbach, 1830–1916, österreichische Schriftstellerin)

Die niederländische Glücksforscherin Maike van den Boom, die das Buch »Wo geht's denn hier zum Glück«[77] geschrieben hat, ist überzeugt, dass das Glück von unserer Einstellung abhängt. Nachdem sie dreizehn der im Glücksreport gelisteten Länder besucht und die Menschen vor Ort befragt hat, kommt sie zu dem Schluss, dass Glück die Summe dessen ist, wonach wir unser Leben ausrichten. Eine ausgemergelte Inderin in einem zerrissenen Sari, antwortete auf die Frage, ob sie glücklich sei: »Mir geht es gut, ich esse zweimal am Tag.«

Schreiben Sie einen Text mit dem Titel: »Wo geht's denn hier zum Glück«?

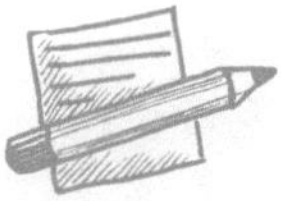

Sind Sie auch der Meinung, dass Glück eine Frage der Einstellung ist? Was heißt das für Ihr Glück und Ihre Zukunft?

Wie uns das Beispiel der Inderin zeigt, ist Glück eine relative Angelegenheit. Hätten die Menschen der westlichen Welt die gleiche Vorstellung wie die Inderin, müssten sie alle mit einem breiten Lächeln herumlaufen, was aber nicht der Fall ist. Wie wir dazu neigen, unseren Wohlstand am Wohlstand anderer zu messen, messen wir auch unser Glück im Verhältnis zu anderen. Wenn alle um uns herum glücklicher scheinen, fühlen wir uns automatisch unglücklicher[78] – freilich, ohne zu wissen, ob die Leute um uns herum tatsächlich glücklicher sind.

Neben unserer Einstellung zum Glück und unserem Hang zum Vergleichen spielt die Gewöhnung für unser Glücksempfinden eine große Rolle. Glück und Wohlstand scheinen mit der Zeit zu verblassen, sodass wir immer höhere Dosen brauchen, neue und stärkere Reize. Was den materiellen Wohlstand angeht, ist das Phänomen relativ offensichtlich: Wer sich eine Villa leisten kann, braucht bald eine Yacht, ein Flugzeug oder was immer ihm einen größeren Kick bereitet, ähnlich wie bei Drogen. Und um das Geld für diesen Kick zu bekommen, leistet man noch mehr und befindet sich bald im Hamsterrad der Leistungs- und Konsumgesellschaft, in der Glück an Wohlstand, Prestige und Konsum festgemacht wird.

Muss es bei Ihnen auch immer schneller, höher und weiter sein oder darf es auch mal weniger und langsamer sein? Woran machen Sie Ihr Glück fest? Welche Rolle spielen Wohlstand, Prestige und Konsum? Denken Sie daran, dass Sie sich selbst gegenüber auf dem Papier schonungslos ehrlich sein können, auch wenn es sich um Dinge handelt, die Sie an sich vielleicht nicht mögen. Obwohl ich das speziell bei dieser Übung anmerke, gilt das natürlich für alle Übungen. Denn nur, wenn wir aufrichtig mit uns selbst sind, können wir etwas erkennen und verändern.

Bleiben wir noch einmal bei dem Bild des Hamsterrads. Auch in Hinblick auf das Glück kann man schnell in ein solches geraten. Denn auch bei der Suche nach dem Glück und der Sehnsucht danach kann es passieren, dass wir einen immer größeren Kick benötigen, um das Glück wahrzunehmen und uns lebendig zu fühlen. Mitunter kann das sogar dazu führen, dass wir das stille, kleine Glück verpassen, weil wir dem vermeintlich großen Glück hinterherlaufen und den Zeitpunkt, an dem wir uns glücklich fühlen werden, immer in die Zukunft verlegen und an Wenn-dann-Bedingungen knüpfen: »Wenn ich erst ..., dann werde ich auch glücklich sein.«

Kennen Sie diese »Wenn-dann-Sätze«? Auf was beziehen sie sich bei Ihnen? Führen Sie den Satz fort: »Wenn ich erst, ... dann werde ich ...« Wie könnten Sie den Satz so umformulieren, dass das Glück Sie schon heute erreicht und nicht erst morgen oder übermorgen?

Es ist an der Zeit, zu überlegen, wie Sie durch Ihre Einstellung zu Ihrem Glück beitragen können. Internationalen Studien zufolge hängt die Veranlagung zum Glücklichsein nur zu 30 bis 40 Prozent von den Genen ab, zu 10 Prozent von den Lebensumständen und zu 50 bis 60 Prozent von uns und unseren Einstellungen sowie unserer Lebenshaltung.[79]

Haben Sie Geschwister? Wie sehr ähneln Sie sich in Bezug auf Ihre Lebenszufriedenheit und Ihre Fähigkeit, glücklich zu sein? Wie ähnlich sind Sie Ihren Eltern in dieser Hinsicht? Und wie verhält es sich mit Ihren Kindern, wenn Sie welche haben?

Es liegt also an Ihnen, jeden Tag aufs Neue hinzusehen und in sich hineinzuspüren, um glückliche Augenblicke bewusst wahrzunehmen und zu genießen. Nur Sie können entscheiden, dass Sie es wert sind, glücklich zu sein. Sie entscheiden über Ihre Perspektive und darüber, ob Sie auf den vermeintlich glücklicheren Nachbarn schielen oder die Augen auf das richten, was bei Ihnen im Garten wächst.

Sie allein entscheiden, ob Sie sich ein paar Minuten auf eine Bank setzen oder einen Spaziergang machen und alles in sich aufsaugen, was sich Ihnen in diesem Augenblick bietet: Sonne, Wind, Vögel, Lachen ...

Justieren Sie Ihr Leben neu und fragen Sie sich, ob es sich vielleicht auch lebendig anfühlt, wenn Sie etwas wahrnehmen, das nicht unbedingt nur angenehm und schön ist. Denn ist es nicht in erster Linie ein Zeichen Ihrer Lebendigkeit und Schwingungsfähigkeit, dass Sie das überhaupt können? Und ist das nicht wiederum ein Grund, glücklich zu sein?

Zum Glück selbstbestimmt

»Das Glück deines Lebens hängt von der Beschaffenheit deiner Gedanken ab.«[80]

(Marc Aurel, 121–180 n. Chr., römischer Kaiser und Philosoph)

Wie selbstbestimmt leben Sie, sowohl beruflich als auch privat? Welchen äußeren Umständen und Zwängen müssen Sie sich täglich unterwerfen und was macht das mit Ihnen? Der Philosoph Günther Bien bringt es mit zwei Sätzen auf den Punkt: »Glücklich ist der, der hat, was er will [...] Frei ist der, der tun kann, was er will.«[81]

Daraus lässt sich ableiten, dass zum Glücklichsein immer auch eine Portion Freiheit und Selbstbestimmung gehört. Das Problem ist allerdings, dass wir sogar unter den günstigsten Bedingungen nie völlig frei und selbstbestimmt sind. Denn sogar wenn wir einen äußeren Rahmen haben, der uns alles erlaubt, was wir wollen, haben wir Erbanlagen und Prägungen, die uns begrenzen. Unseren inneren Grenzen unterliegen wir ebenso wie den äußeren und manchmal lassen sich diese noch schwerer verschieben oder überschreiten als die äußeren Grenzen, weil sie auf lange bestehenden und prägenden Verhaltensmustern beruhen.

Dennoch haben Sie immer wieder die Wahl und Möglichkeit, sich und Ihr Leben dem anzunähern, was Sie glücklich macht. Egal, wie groß Ihre Spielräume auch sein mögen, sie sind vorhanden und Sie können daran arbeiten, sie zu nutzen und zu erweitern.

Vielleicht geht es auch gar nicht so sehr darum, frei von äußeren und inneren Zwängen zu sein, sondern sich glücklich zu schätzen, sich innerhalb seiner inneren und äußeren Grenzen bewegen zu können.

Auch hier spielen unsere Einstellung und Perspektive wieder eine wichtige Rolle. Statt mit unseren Bedingtheiten zu hadern, können wir sie anerkennen und das Glück innerhalb unserer Grenzen suchen. Das schließt nicht aus, dass wir dennoch versuchen sollten, unsere persönlichen Grenzen zu dehnen und manchmal sogar zu überschreiten. Die Frage ist, ob wir das spielerisch gestalten und akzeptieren, dass es an einem Tag möglicherweise gut funktioniert und an einem anderen nicht.

Vielleicht ist es tröstlich, sich klar zu machen, dass wir alle Begrenzungen haben. Besonders deutlich werden unsere Grenzen, wenn wir an die letzte Begrenzung denken, die Endlichkeit des Lebens. Angesichts dieser Endlichkeit hat es wenig Sinn, sich sein ganzes Leben davon vermiesen zu lassen, dass es irgendwann zu Ende ist. Statt ein Leben lang über den irgendwann bevorstehenden Tod unglücklich zu sein, sollten wir unseren Spielraum, nämlich die Jahre bis zu unserem Tod, so gut wie möglich nutzen und gestalten.

Hier die Eingangsfrage des Kapitels als Schreibimpuls: Wie selbstbestimmt leben Sie sowohl beruflich als auch privat? Welchen äußeren Umständen müssen Sie sich unterwerfen und was macht das mit Ihnen? Wie gehen Sie mit Begrenzungen um? Gelingt es Ihnen, Ihre Spielräume trotzdem zu nutzen und immer wieder neu auszuloten und vielleicht sogar zu dehnen?

Wie unglücklich sind Sie, dass manche Wünsche und Ziele sich aufgrund Ihrer Grenzen vielleicht nicht erreichen lassen? Welchen Umgang können Sie damit finden? Sollten Sie bereits kreative Lösungen im Sinn haben, notieren Sie diese, um sie in einem zweiten Schritt in der Realität zu erproben. Sollte Ihnen dazu nicht unmittelbar etwas einfallen, nutzen Sie gern das automatische Schreiben. Wenn Sie mögen, nehmen Sie den folgenden Halbsatz und schreiben fünf Minuten drauflos, ohne innezuhalten oder nachzulesen. »Wenn ich könnte, wie ich wollte, würde ich …«

Ein anderes Problem, das uns in Zusammenhang mit Freiheit und Selbstbestimmung am Glücklichsein hindern könnte, sind die unzähligen, vielfältigen Wahlmöglichkeiten, die ständig neue Entscheidungen von uns fordern und statt zum Glück auch zur Überforderung führen können. Denn bei allen Möglichkeiten gibt es ja leider keinen Wegweiser zum Glück, und sobald wir einen Weg wählen, ist das immer zugleich eine Entscheidung gegen alle anderen Wege. Und nie wissen wir im Voraus, was uns auf dem gewählten Weg erwartet und wie es gewesen wäre, hätten wir einen anderen eingeschlagen.

Obwohl wir so selbstbestimmt und frei wie möglich sein und leben wollen, wünschen wir uns doch immer mal wieder jemanden, der uns an der Hand nimmt und uns den Weg zeigt: zum Leben, zum Glück, zum Erfolg. Eine Art Mentorin, die uns herauszufinden hilft, wie wir unser Leben gestalten sollen, um sinnvoll und glücklich zu leben.

Aber leider funktioniert das nicht. Denn es gibt fürs Leben weder Rezepte noch Garantien. Aber das ist nicht nur eine schlechte, sondern auch eine gute Nachricht. Denn das mit den Wegweisern funktioniert nur deswegen nicht, weil Ihr Weg so individuell ist, dass nur Sie ihn finden und gehen können. Natürlich gibt es Lebensentwürfe und Wege, die Ihnen als Richtschnur dienen können, sodass Sie Hinweise erhalten, aber den Schlüssel zu Ihrem persönlichen Glück und den Weg dahin können nur Sie finden, weshalb Sie sich wahrscheinlich auch dieses Buch gekauft haben.

Gab oder gibt es in Ihrem Leben Mentor:innen? Welchen Einfluss hatten oder haben diese auf Sie und Ihren Lebensweg? Ist jetzt der richtige Zeitpunkt, sich davon zu lösen?

Um das Glück der Freiheit und Selbstbestimmtheit nicht in Überforderung umschlagen zu lassen, kann es zudem hilfreich sein, sich mit dem Gedanken anzufreunden, dass es nicht den einen einzigen Lebensentwurf gibt, der uns glücklich macht, und dass wir scheitern würden, sollten wir genau den nicht finden. Am besten noch auf direktem Weg, ohne Versuch und Irrtum. Ich kenne Sie zwar nicht persönlich, bin aber überzeugt davon, dass es mehrere Lebensentwürfe gibt, die Sie glücklich machen könnten, und dass Sie unterschiedliche Wege gehen können und vielleicht sogar gehen müssen, um das Glück für sich zu finden.

Immer wieder aufs Neue, weil sich die Umstände Ihres Lebens verändern. Und um verschiedene Wege zu probieren, muss man sich gestatten, mal einen Umweg zu gehen oder einem Irrtum zu unterliegen, ohne das als Scheitern zu interpretieren. Vielmehr sollten Sie sich in jedem Fall beglückwünschen, den Mut aufgebracht zu haben, das Wagnis des Loslaufens eingegangen zu sein.

Gestatten Sie sich Versuch und Irrtum? Gelingt es Ihnen, großzügig mit sich selbst zu sein, wenn Sie einen Weg gehen, der sich als Irrweg erweist?

Schreiben Sie von einer Situation in Ihrem Leben, in der ein Umweg oder Irrweg Sie auf den »richtigen« Weg geführt hat. Wie fühlt es sich an, schreibend diese Situation noch einmal Revue passieren zu lassen? Wie wollen Sie in Zukunft mit solchen Situationen umgehen?

Geben Sie dem Glück eine Chance

»Es gibt kein Menschenleben, wie bescheiden oder elend es auch sein möge, das nicht tagtäglich die Möglichkeit zum Glück hätte: Um Letzteres zu erreichen, brauchen wir nur eines: uns selbst.«[82]

(Jean Giono, 1895–1970, französischer Schriftsteller)

Es war bereits die Rede von der Offenheit für angenehme und glückliche Zustände und von dem Grad der Bewusstheit, mit dem wir unser Leben und Glück wahrnehmen. Je öfter wir uns positive Erfahrungen und Empfindungen bewusstmachen, umso mehr steigt unser Wohlbefinden, das sowohl einen sehr engen Bezug zum Wohlfühlglück als auch zum dauerhaften Glück hat.

Es war auch schon die Rede davon, dass wir dem Glück Zeit einräumen müssen. Wenn wir nur gehetzt sind und ein Termin den nächsten jagt, schränkt das unseren Blick für das kleine Alltagsglück ein. Wenn wir gedanklich damit beschäftigt sind, den letzten Termin noch zu verarbeiten und den nächsten schon vorwegzunehmen, bleibt uns wenig Kapazität, das Lächeln der Verkäuferin, den Sonnenstrahl im Zimmer oder den Geschmack des Kaffees als kleines Sinnenglück wahrzunehmen.

Wie bewusst gehen Sie durch Ihren Alltag? Passt das so für Sie oder welche Veränderungen wünschen Sie sich?

Vielleicht kennen Sie das Phänomen, dass man manchmal erst im Nachhinein bemerkt, wie glücklich man in einem bestimmten Augenblick war. In dem Moment selbst hat man das Glück unter Umständen gar nicht wahrgenommen, weil es von Problemen, Stress und Zeitdruck überdeckt war. Allzu schnell ärgern wir uns über Banalitäten und verpassen dabei das Glück. Selbst im Urlaub, der ja in erster Linie entspannt und glücklich sein sollte, kann uns der schlechte Service im Hotel so verstimmen, dass wir das Sinnenglück eines leckeren Essens nur noch am Rande wahrnehmen.

Welche potenziellen Glücksmomente haben Sie in Ihrem Leben schon verpasst? Sind es wiederkehrende Muster, die dazu führen, dass Sie das Augenblicksglück übersehen? Lassen sich daraus Erkenntnisse für Ihre Zukunft ableiten?

Wahrscheinlich kennen Sie das Phänomen, dass Ihr Umfeld sich verändert, je nachdem, wie Sie sich verhalten. Wenn Sie gutgelaunt und offenherzig durch den Tag gehen, werden Sie ein anderes Echo erhalten, als wenn Sie in sich gekehrt unterwegs sind. Wenn Sie ein Lächeln bekommen wollen, bietet es sich also an, selbst eines auszusenden. Wenn Sie nette Begegnungen wünschen, hat es sich bewährt, freundlich auf andere zuzugehen. Das sind keine neuen Erkenntnisse und doch vergessen wir diese einfachen Bedingungen für das Glück zuweilen, vor allem, wenn der Alltag uns viel abverlangt. Aber genau dann wäre es wichtig, ein wenig Freundlichkeit und Augenblicksglück zu erfahren.

Dem Glück eine Chance zu geben, heißt auch, das Vertrauen zu entwickeln, dass jeder Tag glückliche Momente bereithält. Das Vertrauen, dass einige Dinge sich von selbst regeln und befürchtete Katastrophen nicht zwangsläufig eintreten. Wir verbringen viel Zeit damit, uns Sorgen über Dinge zu machen, die dann nie passieren. Würde es uns gelingen, einen Teil der Zeit fürs Glücklichsein zu nehmen, wäre viel gewonnen. Schließlich reicht es völlig, sich mit den Katastrophen zu beschäftigen, wenn sie tatsächlich eintreten.

Wie viel Zeit Ihres Lebens haben Sie damit verbracht, sich unnötig Sorgen zu machen? Um was sorgen Sie sich besonders? Was können Sie in Zukunft stattdessen mit dieser Zeit anfangen?

Nur wenn wir den Dingen ab und zu ihren Lauf lassen, können sie uns angenehm überraschen und vielleicht sogar glücklich machen. Natürlich können dann von Zeit zu Zeit auch Dinge passieren, die uns weniger glücklich machen, aber sofern wir stets versuchen, alles unter Kontrolle zu halten und alle Eventualitäten einzuberechnen, berauben wir uns zum einen unserer Energie und zum anderen glücklicher Zufälle.

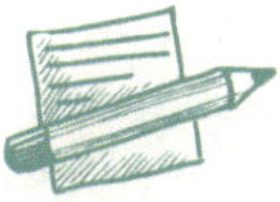

In welchen Bereichen wollen Sie sich in Zukunft etwas mehr dem Fluss der Dinge überlassen? Wann wollen Sie damit anfangen?

Wir als kindliche Glückssucher

»Kinder sollen nicht bewahrt und belehrt werden, sondern glücklich sollen sie im Sonnenlicht wachsen, erstarken und sich entwickeln, entfalten sollen sie sich wie die Blume unter der sorgenden Hand des kundigen Gärtners.«[83]

(Friedrich Fröbel, 1782–1852, deutscher Pädagoge, Pestalozzi-Schüler)

Kinder scheinen besonders talentierte Glückssucher zu sein. Sie finden das Glück immer wieder in zahlreichen Momenten und sind dann auch noch so freigiebig, es zu teilen. Kinder sind die fantasiebegabtesten und großzügigsten Wesen, die ich kenne, und sie haben eine besondere Gabe zum Glücklichsein. Das Beste aber ist, dass wir alle einmal Kinder waren und wieder zu Kindern werden können, wenn es darum geht, unser Glücksempfinden zu steigern.

Erinnern Sie sich an glückliche Augenblicke aus Ihrer Kindheit? Welche waren das? Was war das Besondere daran und wären diese Glücksmomente heute für Sie wieder erreichbar?

Das Glück der Kinder besteht unter anderem darin, neugierig und offen zu sein und über die Wunder des Lebens zu staunen. Das hängt damit zusammen, dass die Blicke von Kindern noch nicht so sehr durch wertende Gedanken und Vorurteile getrübt sind. Zudem halten sich Kinder mit ihrem Geist mehr im Hier und

Jetzt auf als in der Vergangenheit oder Zukunft. Sie leben von Moment zu Moment, von Einfall zu Einfall und suchen ihr Glück im Sein. Sie experimentieren und erfahren auf diese Weise immer wieder Neues und Beglückendes.

Ich behaupte keinesfalls, dass die Kindheit für alle eine ausschließlich beglückende Angelegenheit ist, sondern nur, dass Kinder spezielle Gaben besitzen, die sie für das Empfangen von Glück prädestinieren: Fantasie, Offenheit, Neugier, Kreativität, Spieltrieb, Leidenschaft.

Alle diese Eigenschaften finden sich natürlich auch bei Erwachsenen, allerdings treten sie im Alter öfter in den Hintergrund, während Leistungsdruck, Funktionalität sowie Notwendigkeiten in den Vordergrund rücken und den Blick auf das Glück verstellen können.

Welche Notwendigkeiten müssten Sie beiseiteschieben, um zwischendurch immer wieder einen Blick auf das Glück zu erhaschen? Wie könnte Ihnen das öfter gelingen? Wann wollen Sie das versuchen? Am besten Sie machen sich einen Plan und halten schriftlich fest, wie gut Ihnen die Umsetzung gelingt.

Kinder können sich für Muscheln, Steine, Stöcke und andere Fundstücke begeistern. Sie bauen Rennautos, Flugzeuge und Häuser aus Pappkartons oder Decken und erklären Buntstifte zu Laserschwertern. Sie erschaffen eigene Welten und beleben sie. Frei nach dem Motto: Wenn ich etwas nicht habe, fantasiere ich es mir herbei. Wenn mir etwas nicht passt, denke ich es mir passend. Selbstredend funktioniert das nicht immer und natürlich weiß ich, dass das Leben mancher Kinder so belastet ist, dass es trotz aller Fantasie oft schwer zu ertragen ist. Dennoch besitzen Kinder potenziell die Fähigkeit, die Welt ihren Wünschen anzunähern. Und wir besitzen diese Fähigkeit natürlich ebenfalls und können sie reaktivieren, sofern wir uns gestatten, wieder etwas mehr zu experimentieren und zu spielen.

Wann haben Sie sich das letzte Mal einem fantasierten Glück hingegeben? Erfinden Sie eine Geschichte, in der das Glück eine Rolle spielt.

Sinn- und zweckfreies Spiel ist ein weiteres Kennzeichen der Kindheit und eine weitere günstige Voraussetzung für das Glück. Als Erwachsene erlauben wir uns sinn- und zweckfreies Spielen nur selten. Wenn wir spielen, handelt es sich oft um Spiele, die zumindest eine Denkherausforderung beinhalten oder bei denen es ums Gewinnen geht, wie bei Karten- und Brettspielen oder bei sportlichen Wettbewerben. Mit einem Ziel verbundene Spiele schließen das Glücklichsein natürlich nicht aus, es kommt aber immer darauf an, welcher Aspekt im Vordergrund steht, der gewinnorientierte oder der spielerische.

In welchem Bereich Ihres Lebens steht der spielerische Aspekt im Vordergrund? In welchen Bereichen könnten Sie diesen Aspekt noch mehr betonen?

IV

DAS ERFORSCHTE GLÜCK

Was hat Glück mit Forschung zu tun?

»Wissenschaft und Glück,
das verhält sich für viele etwa so
wie Sauerkraut und Vanillesoße.«[84]

(Manfred Spitzer, geb. 1958,
Neurowissenschaftler und Psychiater)

Ein wenig haben wir uns bereits in Kapitel I (S. 15 ff.) mit der Glücksforschung beschäftigt. Aber nun wollen wir uns noch einmal ansehen, wie Ihnen die Forschung auf die Sprünge helfen kann, wenn es um Ihr ganz persönliches Glück geht.

Auf den ersten Blick haben Glück und Forschung nicht viel miteinander zu tun, wie dies Manfred Spitzer plastisch im obigen Zitat ausdrückt, auf den zweiten Blick hingegen wird der Zusammenhang deutlich. Wenn wir wissen, was zu unserem Glück beiträgt, haben wir gute Chancen, es zu mehren. So gesehen hängt unser Glück von unserem Wissen ab. Vor allem natürlich von der Kenntnis über uns und unsere Bedürfnisse. Aber auch darüber, was in unserem Körper und Gehirn vor sich geht, wenn wir glücklich sind. Und selbstverständlich von dem Wissen, wie wir mit der Umwelt und unseren Mitmenschen am besten in Kontakt treten, um glücklich zu werden.

Und genau hier setzt die moderne Glücksforschung an. In weltweiten Studien bemühen Wissenschaftler:innen sich darum, herauszufinden, unter welchen Bedingungen Menschen Glück erfahren. Weil sich das Glück, wie wir bereits festgestellt haben, allerdings nur schwer definieren und erfassen lässt, werden in der

Regel Faktoren untersucht, von denen man annimmt, dass sie Einfluss auf ein glückliches und gelingendes Leben haben, wie etwa das Wohlbefinden, die Lebensqualität und die Zufriedenheit.

Aber selbst mit Hilfe dieser Faktoren ist es schwierig, das Glück zu messen. Zum einen, weil es sich nicht einfach beobachten lässt, sondern vielmehr der eigenen Empfindung und Einschätzung unterliegt und wir manchmal selbst nicht so genau sagen können, wie es uns gerade geht und ob wir glücklich sind oder nicht. Und zum anderen, weil die Ergebnisse der Studien davon abhängen, wie gut und eindeutig die Fragen formuliert sind oder wie Interviews durchgeführt werden. Weiterhin sind die Antworten der Teilnehmenden immer auch stimmungsabhängig, weswegen der Moment stärker betont wird als die allgemeine Lebenszufriedenheit, die jedoch ein mindestens ebenso guter Indikator für das Glück ist wie der Augenblick.

Oftmals ist in den Fragebögen gar nicht vom Glück die Rede, sondern meist wird nach der Lebenszufriedenheit und dem Wohlbefinden gefragt. Weil aber auch das Wohlbefinden schwer objektivierbar ist, schränken einige Wissenschaftler dieses ebenfalls noch ein und fragen stattdessen nach dem subjektiven Wohlbefinden.

Anders als in den meisten Fragebögen, in denen man nur Kreuze machen kann, dürfen Sie hier ausführlich antworten: Was hat Sie in letzter Zeit glücklich gemacht?

Neben den unterschiedlichen Messmethoden, die einen Einfluss auf die Ergebnisse haben, führen auch die

Werte, die man in den Index einbezieht, zu einem unterschiedlichen Ergebnis, was erklärt, warum sich die Ranglisten der weltweiten Studien stark unterscheiden. Gemäß Weltglücksreport (World Happiness Report) der Vereinten Nationen landen seit Jahren die Finnen auf Platz 1, gefolgt von den Dänen und Isländern. Unter den ersten zehn sind meist noch die Norweger, die Schweden und die Schweizer. Für den World Happiness Report werden solche Faktoren wie Wohlstand, Lebenserwartung, Korruption und Freiheit einbezogen. Deutschland war bisher immer unter den ersten 20 Ländern, im World Happiness Report von 2024 sind die Deutschen allerdings auf Platz 24 abgerutscht.[85]

In dem Bericht wird leider nicht darauf eingegangen, was beispielsweise die Finn:innen so zufrieden macht, aber anhand der genannten Schlüsselfaktoren geht es dabei vermutlich nicht um ein Glück, das einen jubeln lässt, sondern eher um ein stilles Gefühl der Zufriedenheit. Das jedenfalls sagt Jan-Emmanuel De Neve, einer der beiden Hauptautoren des Berichts.[86]

Auch bei den Schweizern und Schweizerinnen ist nicht ganz klar, warum sie regelmäßig auf den vorderen Rängen landen, selbst wenn sie es 2024 nur noch auf Platz 8 geschafft haben. Der Schweizer Ökonom und Glücksforscher Mathias Binswanger gibt allerdings zu bedenken, dass das Ergebnis Verzerrungen aufweisen könnte. »In der Schweiz hat man das Gefühl, glücklich sein zu müssen«, sagt er. »Die Menschen geben positive Antworten, wenn man sie nach ihrem Glück befragt, ganz nach der Devise: *Wir haben doch alles, da müssen wir doch glücklich sein*«.[87] Dennoch ist er, wie sein Schweizer Forscherkollege Bernhard Sollberger, überzeugt davon, dass Verbundenheit ein wichtiger

Baustein für ein erfülltes Leben ist, und meint damit sowohl die Verbundenheit mit Menschen als auch mit der Arbeit.

Beim Happy Planet Index, in den die Lebenszufriedenheit ebenso einfließt wie die Lebenserwartung und der ökologische Fußabdruck, landeten die Einwohner:innen von Costa Rica und die des Inselstaates Vanuatu an der Spitze der Rangliste, während Deutschland auf Platz 29 kam.[88]

So unterschiedlich die Ergebnisse aber auch sein mögen, zeigen sie doch alle, dass sowohl das Glück als auch das Glücksempfinden von zahlreichen Einflussfaktoren abhängt, wobei unsere individuelle Wahrnehmung sowie das soziokulturelle Umfeld eine wichtige Rolle spielen.

Stellen Sie sich vor, Sie sind Glückforscherin oder Journalist. Wo und wie würden Sie nach dem Glück suchen? Welche Fragen würden Sie stellen? Wenn Sie mögen, können Sie eine kleine Umfrage in Ihrem Freundes- und Bekanntenkreis durchführen. Und bitte stellen Sie sich Ihre eigenen Fragen im Anschluss auch selbst und beantworten diese schriftlich.

Seit 2012 gibt es in Deutschland eine Glückministerin. Diese wurde wohlgemerkt nicht gewählt, sondern ist selbsternannt. Die Einrichtung des Ministeriums für Glück und Wohlbefinden startete zunächst als Projekt an der Mannheimer Hochschule für Gestaltung. Dabei ging es den initiierenden Professorinnen und Studierenden nicht um wissenschaftliche Forschung und Erkenntnisse, sondern um die Verbreitung von Glücksbotschaften.[89]

Das Team des Glückministeriums ist der Meinung, dass die Menschen gar nicht so unglücklich sind, wie sie manchmal wirken, sondern lediglich einen Anstoß brauchen, um ihr Glück zu begreifen. Entsprechend haben sie es sich zur Aufgabe gemacht, die Welt durch kleine Impulse glücklicher zu machen.

Einer dieser Impulse lautete *#schreibdichglücklich*. Unter diesem Motto forderte das Ministerium am Weltglückstag dazu auf, einem Fremden, dessen Adresse man zugelost bekam, einen Brief zu schreiben. Die Idee war, dass daraus eine dieser Brieffreundschaften entsteht, wie man sie noch aus der Ära vor dem Internet kennt.[90]

Sie sind Glücksminister oder Glücksministerin: Welche Botschaften würden Sie gern verkünden? Welche Impulse geben? Notieren Sie ein bis drei Impulse und greifen Sie mindestens einen davon selbst auf und schreiben etwas dazu. Vielleicht mögen Sie Ihre Impulse auch in Ihrem Umfeld weitergeben und auf diese Weise im Kleinen als Glücksminister oder Glückministerin tätig werden.

Ein Projekt der Universität Pennsylvania, das World Well-Being Project, hat Gesundheit und Wohlbefinden anhand von Social-Media-Einträgen untersucht und gemessen. Dafür haben sie vor allem Facebook-Einträge englischsprachiger Nutzer:innen verwendet. Die Gründungsmitglieder des Projekts gehören der Positiven Psychologie an, die sich auf Abraham Maslow (1954) zurückführen lässt und sich mit den Stärken von Menschen und den Themen »Glück, Optimismus, Vertrauen und Geborgenheit« auseinandersetzt.[91]

Hat Glück für Sie etwas mit Optimismus und Vertrauen zu tun?

Das World Well-Being Project ist allerdings in Verruf geraten, weil das Militär die Ergebnisse für das Resilienztraining ihrer Soldaten verwenden wollte. Das klingt zunächst einmal positiv, aber der kritische Punkt ist, dass die Resilienz und das Wohlergehen der Soldaten nur gestärkt werden sollten, um sie weiterhin funktionstüchtig, das heißt kampffähig zu halten und nicht etwa, um ihre Gesundheit und ihr Glücksempfinden zu steigern. Ein weiterer Kritikpunkt an dem Projekt war die Verwendung großer Datenmengen von Social-Media-Kanälen.

Generell sind Sekundärinteressen bei der Glücksforschung ethisch bedenklich. Dazu zählen wirtschaftliche Interessen ebenso wie Aspekte der Marktforschung, die durch Werbung und Konsumreize das menschliche Glücksstreben und Glückserleben zu beeinflussen versuchen. Die Frau in Indien zum Beispiel, die glücklich ist, weil sie zwei Mahlzeiten am Tag hat, hat nie eingeflüstert bekommen, welches Glück Weichspüler für Frotteetücher bedeutet oder welches Glücksgefühl eine bestimmte Auto- oder Zigarettenmarke garantiert.

Beeinflussen die Medien und bestimmte Werbebotschaften Ihre Wünsche und Ihr Glücksstreben? Auf welche Weise passiert das und wie geht es Ihnen damit? Wie könnten Sie sich davon abgrenzen, sofern Sie das wollen?

Macht Geld Sie glücklich?

»Wenn Geld nicht glücklich macht, verschenken Sie es doch.«[92]

(Jules Renard, 1864–1910, französischer Schriftsteller)

Obwohl es schon in Kapitel I (S. 15 ff.) ums Geld ging, wollen wir hier noch einmal eine umfassendere Perspektive darauf werfen. In Artikel 9 der Nationalverfassung des Königreichs Bhutan heißt es: »Der Staat bemüht sich, jene Bedingungen zu fördern, die das Streben nach Bruttonationalglück ermöglichen.«[93] Der Begriff des Bruttonationalglücks (BNG) wurde zuerst in den 1970er Jahren von König Jigme Singye Wangchuck in einem Interview genannt. Im Jahr 2008 wurde das Bruttonationalglück dann nach einer langen Debatte in der bhutanesischen Verfassung verankert. Das nationale Glück der Bhutanes:innen wird seitdem jährlich mittels eines Fragebogens zur Lebenszufriedenheit gemessen.[94]

Das könnte man als Versuch verstehen, den Lebensstandard in humanistischer Weise zu definieren und dem rein aufs Geld bezogenen Bruttonationaleinkommen einen psychologischen Bezugsrahmen gegenüberzustellen. Anders als vergleichbare Messungen, wie der erwähnte Happy Planet Index und der World Happiness Report, bezieht sich das BNG ausschließlich auf Bhutan.

Seit einigen Jahren lassen sich in Bhutan tatsächlich positive Veränderungen bemerken. Ob diese sich allerdings aufgrund der Einführung des Bruttonationalglücks ergeben haben, ist ungewiss. Da sich die Veränderungen aber auf die vier Säulen beziehen, die beim BNG einbezogen werden, liegt die Vermutung nahe. Im Bereich des Umweltschutzes wurde seither festgelegt, dass die bewaldete Fläche nicht unter 60 Prozent fallen darf; 2008 trat eine Verfassung in Kraft, durch die das Land zu einer demokratisch konstitutionellen Monarchie wurde; und die Gesundheits- und Bildungssituation des Landes haben sich ebenfalls verbessert.

Was halten Sie vom Bruttonationalglück? Glauben Sie, dass man dem materiellen Denken damit etwas entgegensetzen kann?

Was würden Sie vorschlagen, damit sich gesellschaftlich etwas in Richtung Glück für alle bewegt?

Glück können Sie lernen

> *»Es gibt keine großen Entdeckungen und Fortschritte, solange es noch ein unglückliches Kind auf Erden gibt.«*[95]
>
> (Albert Einstein, 1879–1955, deutsch-amerikanischer Physiker)

Glück als erlernbare Fähigkeit. Davon geht die Idee aus, ein Unterrichtsfach zum Thema »Glück« in den Schulen einzuführen. 2007 startete Ernst Fritz-Schubert an der Willy-Hellpach-Schule in Heidelberg ein entsprechendes Projekt. Um die Atmosphäre in der Schule zu verbessern, führte er mit einem neu zusammengestellten Kompetenzteam das Unterrichtsfach *Glück* ein. Ziel des Fachs war es, Lebenskompetenz, Freude und Persönlichkeitsentwicklung zu fördern und im Schulalltag zu realisieren.[96]

Nach diesem Auftakt wurde das Schulfach in zahleichen anderen Schulen sowohl in Deutschland als auch in Österreich eingeführt. In den Lerneinheiten zur Sinnfindung, sozialen Kompetenz, Selbstakzeptanz und Persönlichkeitsentwicklung geht es um Fragen wie: Wer bin ich? Was brauche ich? Was kann ich? Was will ich? Dabei lernen Schülerinnen und Schüler, ihre Träume und Bedürfnisse wahrzunehmen, ihre Ziele zu formulieren und Wege zu finden, um diese zu verwirklichen. Zugleich setzen sie sich mit dem Scheitern auseinander und lernen, mit Niederlagen umzugehen, um künftige Herausforderungen besser zu bewältigen.[97]

Klingt zu schön, um wahr zu sein? Macht aber buchstäblich Schule. 2023 erprobte auch die Heinrich-Seliger-Schule in Frankfurt am Main in einer wöchentlichen Doppelstunde das Fach *Glück,* das vor allem darauf abzielt, den Kindern zu mehr Wohlbefinden zu verhelfen.[98] Vielleicht und hoffentlich auch eine Konsequenz aus den Erfahrungen, die wir aus der Coronapandemie gewonnen haben, wo wir das Wohlergehen unserer Kinder und Jugendlichen weitgehend aus den Augen verloren hatten. Ich wünschte mir, es hätte schon zu meiner Zeit ein ähnliches Fach in der Schule gegeben und wir hätten darin ganz lebenspraktische Fragen stellen und uns gemeinsam auf die Suche nach Antworten begeben können.

Die genannten Bestrebungen bleiben aber nicht nur auf Deutschland und Österreich beschränkt, sondern sind zu einem weltweiten Phänomen geworden. 2018 wurde in den Schulen im indischen Regierungsbezirk Delhi unter der Schirmherrschaft des Dalai Lama ebenfalls das Schulfach *Glück* eingeführt. Das bedeutet, dass an allen öffentlichen Schulen in Delhi die Kinder von der Vorschule bis zur achten Klasse täglich 45 Minuten meditieren, spielen und diskutieren. Sie erforschen und erfahren Glück, lernen achtsam und freundlich zu sein und Stress zu bewältigen.[99]

Der Dalai Lama begreift Lernen als den ersten Schritt beim Streben nach Glück: »Die systematische Schulung des Geistes – die Entfaltung von Glück […] ist aufgrund der Struktur und der Funktion des Gehirns möglich«.[100] Und auch der deutsche Glücksforscher Karlheinz Ruckriegel[101] betrachtet beständiges Lernen sogar als Grundvoraussetzung für das Glücklichsein.

Wissenschaftliche Untersuchungen bestätigen, dass Bildung und Lernen wichtig fürs Glück sind, da sie Anknüpfungspunkte für interessante Beschäftigungen bieten und Spielraum für eigene Entscheidungen schaffen. Die Wirksamkeit des Schulfachs *Glück* wurde bereits an zwei Berufsschulen, die das Fach 2010 eingeführt haben, wissenschaftlich untersucht. Dazu wurden die Schüler und Schülerinnen jeweils zu Beginn und am Ende des Schuljahrs befragt und es stellte sich heraus, dass der Unterricht in Sachen *Glück* sowohl das Wohlbefinden als auch das Selbstwertgefühl der Schüler und Schülerinnen steigerte.[102]

Aber nicht nur Schüler und Schülerinnen profitieren von einem solchen Unterricht, sondern auch Lehrende. An der TU Braunschweig wurde ein Glückstraining für Lehrerinnen und Lehrer entwickelt, das kreativ machen und vor dem Burnout schützen soll.[103] Die Teilnehmenden sollten ihre Empfänglichkeit für das Glück trainieren und dadurch ihr Wohlbefinden steigern. Das sei sowohl gut für das gelingende Leben des Einzelnen als auch für die Gesellschaft.

Aus einer 2024 erschienenen Studie der Universität Bristol[104] geht ebenfalls hervor, dass wir lernen können, glücklich zu sein – sofern wir regelmäßig üben. Der dafür ins Leben gerufene Kurs *Science of Happiness* war der erste seiner Art in Großbritannien. In ihm wurde den Studierenden Wissen darüber vermittelt, was nach aktuellen Studien glücklich macht. Und bereits die Vermittlung dieses Wissens führte zu einer Verbesserung des Wohlbefindens der Teilnehmenden. Dieses hielt allerdings nicht lange an, wenn die im Kurs erlernten Gewohnheiten wie Dankbarkeit, Meditation oder Journaling nicht beibehalten wurden. Nur Studierende, die das Gelernte weiterhin in ihren Alltag integrierten, behielten das verbesserte Wohlbefinden bei, als sie zwei Jahre später erneut befragt wurden.

Sie sind Lehrerin oder Lehrer und die Direktorin Ihrer Schule übergibt Ihnen die Verantwortung für das Fach *Glück*. Welche Inhalte sollen dort gelehrt werden und wie soll der Unterricht aussehen? Ganz klassisch oder soll er vielleicht außerhalb des Klassenzimmers stattfinden, beispielsweise im Wald?

Können Sie sich vorstellen, dass alle Arbeitenden ein Glückstraining bekommen? Wie könnte das aussehen?

Inwieweit können die Erkenntnisse der letzten Übungen dazu beitragen, Ihr Leben glücklicher zu machen – sei es an Ihrem Arbeitsplatz oder in Ihrer Familie?

Lassen Sie uns auf der Ebene unseres Gehirns einmal ansehen, warum Lernen und Glück so eng miteinander verknüpft sind. Sobald wir etwas Neues erfahren, springt der Nucleus accumbens an. Dieses Gehirnzentrum ist sowohl für die Verarbeitung neuer Erfahrungen als auch für unser Glücksempfinden zuständig. Es wird allerdings nur aktiviert, wenn etwas Neues passiert, sodass unser Gehirn gewissermaßen darauf angewiesen ist, nach Neuem zu suchen, um das Zentrum in Gang zu setzen und uns ein Glücksgefühl zu bescheren. Indem wir uns neuen Situationen mit Lernpotenzial aussetzen, stimulieren wir also die Glückszentrale in unserem Gehirn.[105]

Allerdings sollten wir es mit der Stimulation nicht zu weit treiben. James Olds, dem Entdecker des Lustzentrums, fiel bei Experimenten mit Laborratten nämlich auf, dass die Ratten, als er es ihnen ermöglichte, diese Gehirnregion per Knopfdruck selbst zu stimulieren, so lange auf den Knopf drückten, bis sie vor Erschöpfung in ihrem Glücksrausch fast gestorben wären.[106]

Vorsicht ist zudem geboten, wenn wir versuchen sollten, das Lustzentrum mit Suchtstoffen zu aktivieren. Diese Stoffe docken zwar auch im Lustzentrum an, lösen aber nicht das gleiche positive Gefühl aus, als würde das Zentrum durch Lernen oder lustvolle Ereignisse angeregt. Die Stimulation unseres Lustzentrums mit Suchtstoffen bewirkt eine inhaltslose Euphorie, die schnell wieder abflaut. Und solange das Zentrum von den Suchtstoffen besetzt ist, können zudem nicht ausreichend positive Erfahrungen gemacht werden. Dass die Suchtstoffe weitere Folgeschäden im Körper haben, ist selbstredend.

Was Sie außerdem bedenken sollten: Es bringt nichts, sich zu viel Unbekanntem auszusetzen, um das Glücksempfinden immer weiter zu steigern. Sind wir nämlich mit zu viel Neuem konfrontiert, erhöht das die Ungewissheit und wir reagieren ängstlich. Neben dem Neuen, das uns stimuliert und glücklich macht, brauchen wir also zugleich ein gewisses Maß an Bekanntem, um Sicherheit und Geborgenheit zu spüren, die beide ebenso zu unserem Glück beitragen wie neue Eindrücke.

Wie ist das bei Ihnen? Machen neue Informationen oder Lerninhalte Sie glücklich? Wie viel Vertrautes brauchen Sie und wie viel Neues vertragen Sie?

Lernen trägt aber noch auf andere Weise zu unserem Glück bei, nämlich, indem es Sinn stiftet. »Alles Lernen und Erkennen ist ein Herstellen von Sinn auf geistiger Ebene«, sagt Wilhelm Schmid.[107] Und die Frage nach dem Sinn in unserem Leben ist ja genaugenommen nie abgeschlossen. So wie wir beständig lernen und uns entwickeln, kann sich auch der Sinn unseres Lebens wandeln, können sich neue Kontexte und Lebenssituationen ergeben, sodass wir uns und unseren Sinn immer wieder aufs Neue definieren und anpassen müssen.

Dabei befinden wir uns in einem beständigen Fluss, in dem Wahrnehmungen an unser Gehirn geleitet werden, das die Informationen dann verarbeitet, ein Wissensupdate herstellt und uns situativ und aktuell fühlen, denken und handeln lässt. Weil wir uns in Kapitel V aber noch ausführlich mit der Verknüpfung von Sinn und Glück beschäftigen werden, gibt es an dieser Stelle zunächst nur eine kleine Impulsübung zu diesem Thema.

Welche Dinge erfüllen Ihr Leben mit Sinn? Löst das ein Glücksgefühl in Ihnen aus? Können Sie das, was Ihrem Leben Sinn gibt, vermehren? Wenn ja, wie wollen Sie das machen?

Glückliches Gehirn, glücklicher Körper

»Unser Gehirn ist nicht dafür gebaut, dauernd glücklich zu sein, aber es ist süchtig danach, nach Glück zu streben.«[108]

(Manfred Spitzer, geb. 1958, Neurowissenschaftler und Psychiater)

So uneinheitlich die Meinungen sind, was Glück bedeutet und wie es zu definieren und zu erreichen ist, so einig ist sich die Wissenschaft, dass die unterschiedlichen Botenstoffe in unserem Gehirn entscheidenden Einfluss aufs Glücksempfinden haben. Zu diesen Botenstoffen, auch Neurotransmitter genannt, zählen die Endorphine ebenso wie Oxytocin, Dopamin und Serotonin. Diese körpereigenen Substanzen, die angenehme Gefühle hervorrufen und damit als Glücksbotenstoffe fungieren, werden bei einer Meditation ebenso ausgeschüttet wie beim Sport oder Sex oder dann, wenn wir etwas Aufregendes erleben. Sicher kennen Sie Menschen, die man als Adrenalin-Junkies bezeichnet und die süchtig nach dem Kick sind, der in extremen Situationen (zum Beispiel Bungeejumping) durch eine Adrenalinausschüttung ausgelöst wird.

In welchen Situationen empfinden Sie einen Kick? Lassen sich diese Situationen vermehrt herstellen? Welche neuen Aktivitäten wollen Sie ausprobieren, um diesen Kick zu erleben? Oder wollen Sie das gar nicht? Dann schreiben Sie darüber, warum Sie einen solchen »Glücks-Kick« nicht brauchen.

Evolutionsbiologisch ist die Ausschüttung von Botenstoffen bei Aufregendem und Neuartigem sinnvoll. Denn auf diese Weise wird ein Verhalten, das uns einen Überlebensvorteil bringt, an unser inneres Belohnungssystem gekoppelt. Das heißt, immer wenn wir ein Verhalten an den Tag legen, das unser Überleben sichert, werden glücklich machende Botenstoffe ausgeschüttet. Auch wenn dies gemäß dem Neurologen Spitzer (s. o.) unserem Gehirn nicht in Permanenz bekommt, so ist es doch immer wieder auf der Suche danach. Dazu tragen Verhaltensweisen bei wie zum Beispiel sexuelle Lust und das Wohlgefühl, das in einer geschützten Umgebung aufkommt sowie bei der Pflege und Versorgung unserer Nachkommen. All das ergibt Sinn, weil dadurch der Fortbestand der Menschheit im Allgemeinen und die Weitergabe unserer Gene im Speziellen gesichert sind. Der Anreiz, dass wir uns gut und glücklich fühlen, wenn wir ein bestimmtes Verhalten an den Tag legen, betrifft auch unsere körperliche Aktivität, die uns gesund hält und damit ebenfalls zu einem Überlebensvorteil führt.

Allerdings gibt es in unserer Gesellschaft zunehmend Angebote, die ein Lustgefühl versprechen, ohne vorher ein bestimmtes Verhalten an den Tag gelegt zu haben, das evolutionär sinnvoll wäre. Dazu zählen Drogen, übermäßiger Konsum von Alkohol und Essen sowie exzessive Online-Unterhaltung. Das dadurch ausgelöste Glücksgefühl ist meist so kurz, dass es schnell durch noch mehr Drogen, Unterhaltung und Konsum wieder angekurbelt werden muss. Die meisten Drogen bewirken zwar eine Ausschüttung von Glücksbotenstoffen im Gehirn, allerdings in unnatürlich hoher Konzentration und mit dem Nachteil, dass es zu einem Gewöhnungseffekt kommt, der dazu führt, dass die Dosis immer weiter gesteigert werden muss.

Wann und bei welchen Verhaltensweisen wird bei Ihnen das Belohnungssystem aktiviert?

Glücksmomente verbessern unsere Überlebenschancen. Deshalb macht Essen Spaß, deshalb macht Sex Spaß ... Führen Sie die Liste fort.

Die Ausschüttung von Botenstoffen im Gehirn ruft aber nicht nur Glück und Zufriedenheit hervor, sondern wirkt zugleich auf den ganzen Körper. Unser Herz schlägt schneller, unsere Haut wird besser durchblutet und aus den Körperempfindungen konstruiert unser Gehirn wiederum körperliches Wohlbefinden, sodass wir uns wohler fühlen. Auf diese Weise beeinflussen Körper und Geist sich wechselseitig, wenn es um Gefühle wie Wohlbefinden und Glück geht.

Wo und auf welche Weise spüren Sie Wohlbefinden und Glück in Ihrem Körper?

Neben den Erbanlagen ist der Mensch immer auch ein Produkt seiner Umwelt sowie seiner Gedanken und

Handlungen. Und weil Gedanken und Handlungen Spuren im Gehirn hinterlassen und Nervenzellen aktivieren sowie Netzwerke zwischen den Zellen generieren, können wir an uns, unserem Glück und unserer Lebenszufriedenheit arbeiten. Sie erinnern sich: 50 bis 60 Prozent Ihres Glücksempfindens haben Sie selbst in der Hand.

Gedanken können unser Gehirn verändern, sofern wir sie nur oft genug denken; und das Gleiche gilt für unsere Handlungen, die ebenfalls Gedächtnisspuren hinterlassen. Das Phänomen heißt Neuroplastizität und hat großen Einfluss darauf, wie wir unser Leben gestalten und ob wir glücklich sind. Dieser Umstand ist ein gewichtiges Argument, sich im Anschluss an diese Lektüre Ihrem persönlichen *Glückstagebuch* am Ende des Buchs (S. 181 ff.) zuzuwenden, um Ihrem Glück über sieben Wochen dauerhaft auf die Sprünge zu helfen.

Gehen wir noch einmal zurück zu dem, was wir nicht oder nur eingeschränkt beeinflussen können. Es gibt die Annahme, dass unser Glücksempfinden nur eine gewisse Bandbreite hat. Nehmen wir einmal an, dass das Glück auf einer Skala von 1 bis 100 abzulesen wäre, dann wäre ein Mensch aufgrund seiner Erbanlagen zum Beispiel auf eine Bandbreite von 70 bis 80 festgelegt. Hat er normalerweise ein Glücksempfinden von 75, so führt eine Glückserfahrung dazu, dass er sich dadurch bei einem Glücksempfinden von 80 wiederfindet, um nach einiger Zeit wieder bei 75 zu landen, seinem normalen »Sollwert«.

Ähnlich verhält es sich, wenn sich ein Unglück einstellt: Dann rutscht der Betreffende auf ein Glücksempfinden von 70, um danach wieder auf seinen gewohnten 75 zu landen.[109]

Sollte diese Sollwert-These tatsächlich stimmen, hätten wir zwar Einfluss auf unser Glücksempfinden, aber nur im Rahmen eines genetisch vorgegebenen Spielraums. Wohlgemerkt reden wir hier nur vom Empfinden und nicht vom tatsächlich eintretenden Glück oder Unglück. Nur unsere Reaktionen und Gefühle auf Glück und Unglück hängen von unseren Genen ab. Das heißt einerseits, dass sich unser Glücksregler nur bedingt nach oben verschieben lässt, andererseits bedeutet es aber auch, dass uns Unglücksfälle nicht zu lange aus der Bahn werfen, weil wir auch hier wieder auf unseren Sollwert zurückpendeln. Für diese Sollwert-Theorie spricht, was wir bereits in der Einführung erwähnt hatten, dass Lottogewinner:innen zwei Jahre nach ihrem Gewinn wieder genauso glücklich oder unglücklich sind wie zuvor.

Was halten Sie von der These, die als Sollwert-Theorem des Glücks bezeichnet wird? Kennen Sie das Phänomen, dass äußere Umstände Ihr Glücksempfinden nur mäßig und vorübergehend beeinflussen?

Wo würden Sie sich und Ihr allgemeines Glücksempfinden auf einer Skala von 0 bis 100 verorten? Wo möchten Sie sich hinbewegen, wenn Sie Einfluss darauf haben, und wie wollen Sie das erreichen?

Möglicherweise sind Sie im ersten Moment enttäuscht, dass Ihr Glücksempfinden einer Art Sollwert unterliegt. Aber das hat durchaus mehr als nur eine schützende Funktion. Es verhindert nicht nur, dass unser Glücksempfinden komplett in den Keller rutscht, sondern zugleich, dass eine Überdosis an Glück oder Euphorie uns umbringt – denken Sie an die Ratten, die im Glücksrausch beinahe gestorben wären.

V

WELCHE WEGE GIBT ES ZUM GLÜCK?

Das Glück des Denken s

»Der Mensch ist unglücklich, weil er nicht weiß, daß er glücklich ist; nur darum. Das ist alles, alles! Wer das erkennt, der wird gleich glücklich, augenblicklich.«[110]

(Fjodor Michailowitsch Dostojewski, 1821–1881, russischer Schriftsteller)

Dass das Glück für den griechischen Philosophen Aristoteles im Denken bestand, haben wir bereits festgestellt. Nur ein Denken in Muße, befreit von Leistungszwängen, führe zum Glück, so Aristoteles.[111] Jetzt werden Sie zu Recht sagen: Schön und gut, aber wer ist schon materiell abgesichert und frei von Leistungszwängen? Irgendwo muss das Geld schließlich herkommen und es gibt ganz praktische Anforderungen, die jeden Tag bewältigt werden müssen. Aber Aristoteles war sich durchaus bewusst, dass die von ihm geforderten Bedingungen nur den Reichen vorbehalten waren. Trotzdem war er überzeugt davon, dass jedes Lebewesen das Potenzial für eine ganz bestimmte Leistung besitzt, durch dessen Realisierung es erst zu dem wird, was es ist. Und dieses Spezifikum sei beim Menschen eben die Fähigkeit zum Denken. In seiner »Nikomachischen Ethik« gelangte Aristoteles deswegen auch zu der Erkenntnis, dass sich der Mensch vor allem durch seine Fähigkeit zur Vernunft auszeichne.[112]

Lassen Sie uns das einmal herunterbrechen: Der Mensch ist ein vernunftbegabtes Wesen, das die Fähigkeit zum Denken besitzt. Dass wir nicht die einzigen intelligenten denkfähigen Wesen sind, lassen wir einmal außen vor und greifen allein die Idee auf, dass der Mensch sich durch seine Fähigkeit zum Denken auszeichnet und ihm eben das zum Glück gereichen kann. Einerseits stimme ich Aristoteles zu, weil es tatsächlich ein großes Glück bedeutet, sich seines Verstandes zu bedienen, andererseits möchte ich seine Aussage einschränken, weil unser Geist uns mitunter auch in den Wahnsinn treiben kann. Denn sicher kennen Sie das, wenn sich unser Gehirn in Grübelschleifen verliert und einen das alles andere als glücklich macht. Aber unser Gehirn ist darauf ausgelegt zu denken und wenn wir ihm nichts zum Denken geben, sucht es sich eben selbst eine Beschäftigung. Besser, wir geben unserem Verstand also die passende Nahrung und sinnvolle Aufgaben, die ihn auf konstruktive Weise fordern, bevor er sich in Gedankenschleifen verheddert. Und dieses produktive Denken vermag dann in der Tat zu unserem Glück beizutragen.

Unter welchen Umständen gelingt Ihnen ein Denken in Muße? Kein Nachdenken über den Alltag oder Grübeln über Sorgen, sondern ein freischweifendes Denken? Vielleicht mögen Sie Ihre Gedanken aufschreiben und sich beim Denken gewissermaßen selbst beobachten. Vielleicht lassen sich auf diese Weise Zusammenhänge entdecken, von denen Sie bisher nichts wussten.

Es gibt einen Trick, wie Sie Ihren Geist zum freien Schweifen anregen können. Schreiben Sie sich zunächst 15 Minuten lang alles von der Seele, was Sie belastet. Stellen Sie sich dafür einen Timer. Hören Sie nach exakt 15 Minuten damit auf, nehmen ein neues Blatt und lassen Sie dann Ihren Geist und Stift frei von den bereits abgeladenen Sorgen schweifen.

Dass unser Geist und Verstand das typisch Menschliche ist, ist nur eine einzige Sichtweise, in diesem Fall die von Aristoteles. Was halten Sie selbst für das Spezifische des Menschen und ist das dazu angetan, Sie glücklich zu machen?

Ein letzter Gedanke zu Aristoteles, der auf die Frage nach dem höchsten Gut des Menschen mit dem Wort »Glückseligkeit« *(eudaimonía)* antwortet. Das klingt zunächst einigermaßen abstrakt, doch Aristoteles hat das detaillierter ausgeführt. Glückseligkeit ist kein Mittel zum Zweck, das man einsetzt, um etwas anderes zu bekommen oder zu erreichen, sondern das Endziel des Handelns. Kombiniert man diese Aussage mit Aristoteles' Vorliebe für das Denken, könnte sich folgende aristotelische Glücksformel ergeben: Glück ist das vollendete Tätigsein der Seele entsprechend der Vernunft in einem Leben der Fülle.

Heute würde man vielleicht sagen, dass die Verwirklichung unseres Selbst zu unserem Glück beiträgt. Und diese Idee finden wir bereits in der Bedürfnispyramide von Abraham Maslow.[113] Um die menschlichen Bedürfnisse zu erfassen, hat der amerikanische Psychologe eine fünfstufige Pyramide entwickelt. Auf der ersten Stufe stehen Grundbedürfnisse, die durch den

Körper bestimmt werden, wie etwa das Bedürfnis nach Nahrung und Schlaf. Auf der zweiten Stufe steht das Bedürfnis nach Sicherheit, wozu sowohl Gewohnheiten als auch materielle und finanzielle Sicherheiten zählen. Auf der dritten Stufe finden sich soziale und auf der vierten individuelle Bedürfnisse, wie der Wunsch nach Anerkennung und Wertschätzung. Die fünfte und oberste Stufe beschreibt schließlich das Bedürfnis nach Selbstverwirklichung.

Maslow geht davon aus, dass ein Bedürfnis so lange unser Verhalten bestimmt, bis es befriedigt ist. Erst dann sind wir in der Lage, uns dem nächsten Bedürfnis zuzuwenden. So lange wir Hunger haben oder müde sind, können wir keine großartigen Ideen entwickeln. So lange wir in Gefahr sind, werden wir kaum danach streben, uns selbst zu verwirklichen. Auch wenn Maslow nicht vom Glück der Selbstverwirklichung redet, scheint es naheliegend, dass sich das Glück einstellt, wenn alle unsere Bedürfnisse befriedigt sind und wir uns um uns und unsere Träume kümmern können.

Was bedeutet Selbstverwirklichung für Sie? Trägt diese zu Ihrem Glück bei? Wie könnten weitere Schritte in Richtung Selbstverwirklichung aussehen?

Bei der Selbstverwirklichung geht es nicht nur darum, unsere Wünsche und Sehnsüchte zu erfüllen, sondern auch darum, unser Potenzial zu erkennen und zu entfalten und das, was uns an persönlichen Talenten mitgegeben ist, zu nutzen. Auch das kann maßgeblich zu unserem Glück beitragen. Wobei es manchmal einige Zeit in Anspruch nehmen kann, herauszufinden, wo die eigenen Talente liegen. Bestenfalls stimmen diese mit dem überein, was wir gern machen.

Worin sehen Sie Ihr Potenzial? Was sind Ihre Talente? Hatten Sie bereits die Gelegenheit, diese zu erkennen und zu entfalten? Was könnte Ihnen helfen, Ihre bereits entdeckten Talente weiter zu entwickeln und neue zu entdecken?

Für Ihr Glück ist es in jedem Fall hilfreich, Klarheit zu haben. Vor allem hinsichtlich dessen, was Sie wünschen und wollen, und dessen, was Ihnen nicht guttut und Sie vermeiden sollten. Meine Empfehlung lautet dabei, sich vom Kleinen und Naheliegenden zum Großen und Fernerliegenden vorwärts zu arbeiten. Das bedeutet, dass Sie zunächst versuchen sollten, herauszufinden, was in Ihrem Alltag guttut und Sie glücklich macht, und sich erst danach den größeren Zielen und Wünschen zuwenden.

Verfassen Sie ein Listengedicht. Fangen Sie mit dem immer gleichen Halbsatz an und füllen Sie jede Zeile mit einem neuen Gedanken oder Gefühl. Schreiben Sie so lange, bis Ihnen nichts mehr einfällt. Der Halbsatz lautet: »Für mein tägliches Glück brauche ich ...«

In dieser Übung wenden Sie sich dann Ihren größeren Zielen zu. Notieren Sie in einem ersten Schritt alles, was Ihnen für Ihr Lebensglück wichtig erscheint, gern wahllos und unsortiert. Im zweiten Schritt nehmen Sie unterschiedliche Farben und unterstreichen mit der einen Farbe alles, was Sie in Ihrem Leben schon haben, und mit der anderen, was Sie zusätzlich zu Ihrem Glück bräuchten. Wenn Sie mögen, notieren Sie auch, wer Sie bei der Erreichung Ihrer Ziele unterstützen könnte.

Wenden wir uns einmal der Annahme zu, dass es ein Glück des Denkens und eines des Fühlens gibt, auch wenn diese klare Dualität so natürlich nicht existiert. Dennoch kennen wir wahrscheinlich alle das Phänomen, dass unser Kopf mitunter etwas anderes will als unser Bauch und weder alle Bauch- noch alle Kopfentscheidungen zu unserem langfristigen Glück beitragen. Deswegen bedarf es einer guten Kommunikation und Kooperation zwischen Verstand und Gefühl, was bedeutet, dass wir trainieren müssen, beides voneinander zu unterscheiden und bestenfalls in Einklang zu bringen.

Ist das Wechselspiel zwischen Denken und Fühlen bei Ihnen ausgeglichen? Oder sind Sie eher ein gefühls- beziehungsweise verstandesbetonter Mensch? Wollen Sie das in Zukunft so beibehalten oder etwas daran ändern? Vielleicht lassen Sie bei den einzelnen Übungen immer mal wechselweise Ihren Verstand und dann Ihr Ge-

> fühl den Stift führen. Wenn Sie aus dem Bauch heraus schreiben wollen, arbeiten Sie am besten unter Zeitdruck, damit Ihr Verstand sich möglichst nicht dazwischenschaltet. Sofern der Verstand dominieren soll, dürfen Sie sich gern Zeit nehmen. Sie können auch ein und dieselbe Übung einmal von Ihren Gefühlen und einmal von Ihrem Kopf »durchführen lassen« und sich dann den Unterschied in Ihren Texten ansehen.

Ich möchte in diesem Kapitel einen letzten Punkt ansprechen, der für Ihr Glück und Glücksempfinden ebenfalls eine Rolle spielen könnte. Wie wir bereits erfahren haben, wird unsere Fähigkeit, Glück zu empfinden, zu etwa 30 bis 40 Prozent genetisch bestimmt. Deswegen ist es nachvollziehbar, dass aus einem Vollblutpessimisten kein Vollblutoptimist werden wird, nur weil er oder sie sich das vornimmt. Dennoch ist es möglich, die negative Färbung unserer Grundüberzeugungen und Gedanken abzuschwächen und durch positivere zu ersetzen.

Ich behaupte nicht, dass man auf Knopfdruck in einen positiven Modus switchen könnte oder sollte. Alles, was ich Ihnen ans Herz lege, ist eine Offenheit, die es ermöglicht, etwas spielerischer mit ungünstigen Glaubenssätzen umzugehen.

Wenn Sie sich bei einem negativen Gedanken ertappen, könnten Sie diesen schriftlich ins Gegenteil umformulieren. Statt »wird schon schiefgehen«, könnten Sie denken und schreiben »wird schon gutgehen«. Das Beispiel ist bewusst plakativ gehalten, um deutlich zu machen, was gemeint ist. Ihre Glaubenssätze sind ganz sicher differenzierter, was es herausfordernder, aber zugleich auch interessant macht. Das Schreiben bietet Ihnen dabei den unschätzbaren Vorteil, komplizierte Sachverhalte in mehreren Schritten zu Papier zu bringen.

Notieren Sie typische Gedankenmuster, die Ihnen nicht zuträglich sind. Beispielsweise Sätze wie: »Das schaffst du sowieso nicht« oder: »War ja klar, dass du das verbockst« oder: »Ist zwar ganz okay, aber nicht gut genug«. Lassen Sie unter den Sätzen jeweils ein bis zwei Zeilen frei, auf denen Sie dann den gegenteiligen Gedanken notieren. Nehmen Sie sich Zeit, um die üblichen Gedanken zu identifizieren und durch günstigere Denkmuster zu ersetzen.

Sind Sie eher ein pessimistischer oder optimistischer Mensch? Können Sie die Grundtönung Ihrer Gefühle durch Ihre Gedanken beeinflussen? Wenn ja, wie machen Sie das? Könnten Sie das in Zukunft vielleicht noch bewusster einsetzen? Rufen Sie sich Situationen ins Gedächtnis, in denen das funktioniert hat, und machen Sie sich klar, dass etwas, das schon einmal funktioniert hat, wieder gelingen kann.

Das Glück unserer Sinne

»Die Schönheit der Dinge lebt in der Seele dessen, der sie betrachtet.«[114]

(David Hume, 1711–1776, schottischer Schriftsteller und Philosoph)

Die Frage, ob das Glück eher mit dem Denken oder den Sinnen zusammenhängt und auf welche Weise es zu erreichen ist, bringt uns zu einer der zentralen Fragen der Psychologie. Bestimmen unsere Gedanken unsere Gefühle oder umgekehrt? Sprich: Sind wir glücklich, weil wir denken, dass wir glücklich sind, oder fühlen wir uns glücklich und registrieren dann denkend, dass wir glücklich sind?

Wenn Sie so wollen, handelt es sich dabei um die klassische Henne-Ei-Problematik, die für uns in diesem Fall deswegen so wichtig ist, weil die Antwort uns zum Glück verhelfen kann. Sollte unser Denken unseren Gefühlen vorausgehen und diese maßgeblich beeinflussen, könnten wir uns glücklich denken. Wenn das Gefühl allerdings an erster Stelle steht, wird es schwieriger, weil wir dieses dann nicht so einfach durch Denken modulieren können.

Aber wahrscheinlich handelt es sich um ein Wechselspiel zwischen Denken und Fühlen und mal steht das Denken und mal das Fühlen im Vordergrund. Für Sie bedeutet das, dass sowohl das Denken als auch Fühlen Sie glücklich oder unglücklich machen können. Und genau deswegen wollen wir uns nach der Beschäftigung mit dem Denken nun den Sinnen zuwenden.

Unsere Sinne ermöglichen es uns, die Welt wahrzunehmen. Sie liefern Informationen, die unser Gehirn benötigt, um zu entscheiden und zu handeln. Stehen wir vor einem Löwen, müssen wir diesen erst mit unseren Sinnen wahrnehmen, bevor unser Gehirn den Befehl zur Flucht geben kann. Wir brauchen unsere Sinne also zum Überleben. Würde unser Geschmackssinn ausfallen, hätten wir zum einen keine Freude mehr am Essen und würden zum anderen nicht bemerken, ob etwas verdorben ist und uns schaden oder umbringen könnte. Ohne unseren Gehörsinn könnten wir weder die Vögel hören noch die Stimme eines geliebten Menschen vernehmen. Würde unser Geruchssinn ausfallen, könnten wir nicht mehr den Duft von Kaffee wahrnehmen und auch unsere Fähigkeit zum Schmecken wäre eingeschränkt, was Sie sicher schon mal bei einer Erkältung mit verstopfter Nase erlebt haben oder als Symptom einer Coronaerkrankung.

Meist wird uns die Bedeutung unserer Sinne allerdings erst so richtig bewusst, wenn einer unserer Sinne beeinträchtigt ist oder ganz ausfällt. Allerdings sollten wir nicht unbedingt warten, bis wir eine Einschränkung erleben, um unsere Sinne zu würdigen und zu unserem Lebensglück beitragen zu lassen.

Um Ihr Leben zu bereichern, kann es hilfreich sein, Ihre Sinne ganz bewusst einzusetzen und sich für kurze Zeit auf einen einzigen Sinn zu konzentrieren. Übungen, die den Fokus für einen Zeitraum auf einen einzigen Sinn legen, werden nicht nur im Achtsamkeitstraining eingesetzt, sondern auch ganz natürlich und spielerisch von Kindern, beispielsweise bei dem Spiel *Ich sehe was, was du nicht siehst* oder beim Malen von Zahlen auf dem Rücken einer anderen, die dann die Zahlen und Wörter anhand der Berührung erraten muss.

Der Arzt und Psychotherapeut Reiner Gödtel schreibt: »Auch nonverbale Kommunikation in Form von Körperkontakt (Berührung, Streicheln, Umarmung) ist ein wichtiges Mittel zur Herstellung von Wohlbefinden. Körperliche Zuwendung bewirkt Harmonie, eine Normalisierung der Herzfrequenz und der Atmung sowie eine Entspannung der Muskulatur«.[115]

Berührung kann also ebenfalls maßgeblich zu unserem Glück beitragen. Die Haut ist immerhin unser größtes Sinnesorgan.

Natürlich spielt bei unserer Körperwahrnehmung nicht nur die Berührung eine Rolle, sondern alles, was wir über die Sensoren unserer Haut wahrnehmen: ein weicher Pullover, das Wasser in der Badewanne oder im Schwimmbad, der Wind oder die Sonne, Wärme und Kälte.

Aber nicht nur andere, sondern wir selbst können dem größten Sinnesorgan unseres Körpers angenehme Momente verschaffen, indem wir uns eincremen oder selbst massieren und uns ausreichend bewegen, damit unsere Haut gut durchblutet wird und wir uns wohl und glücklich fühlen. Zärtlichkeiten und Sex können uns ebenfalls zufrieden machen, zumal sie die Sinne auf mehreren Ebenen ansprechen und aktivieren. Und ein gutes Essen oder erhebende Musik und ästhetische Kunstwerke sowie die Schönheit der Natur sind ebenfalls dazu angetan, die Sinne anzuregen und uns glückliche Augenblicke zu bescheren.

Wo im Körper spüren Sie Glück? Wie fühlt sich das an? Oder spüren Sie das Glück in verschiedenen Situationen an unterschiedlichen Körperstellen? Als Schmetterlinge im Bauch, als Wärme in der Herzgegend … Verfassen Sie gern mehrere Texte dazu. Je genauer Sie Ihre Empfindungen beschreiben, umso besser. Denn dann können Sie in Zukunft leichter auf Ihr Sinnenglück zugreifen.

Die Wissenschaft hat festgestellt, dass Musik besonders geeignet ist, unsere Stimmung zu heben und auf diese Weise zu unserem Glück beizutragen. Dafür müssen Sie nicht einmal selbst musizieren oder singen, sondern schon das Hören von Musik reicht, um Sie fröhlich zu stimmen.

So wie Musikerinnen und Musiker Gefühle in ihre Musik hineinlegen, können wir diese aus der Musik herausholen. Dabei geht es um Interaktion. Der Kern des Glückserlebens von Musik liege im sozialen Aspekt, so die Idee des Hirnforschers Stefan Koelsch: »Selbst wenn man alleine im Lehnstuhl sitzt und sich einen Kopfhörer aufsetzt, simuliert das Gehirn viel an Gemeinschaftsaktivität. Das Gehirn weiß, das andere dafür gemeinschaftlich Musik machen. Man fühlt sich von der Musik angesprochen und erlebt dadurch eine Kommunikation.«[116]

Kennen Sie das Lied »Tears in Heaven« von Eric Clapton? Ein wirklich berührender Song, der einen zutiefst melancholisch, aber irgendwie auch versöhnlich stimmt. Clapton hat das Lied wenige Monate nach dem tödlichen Unfall seines Sohnes geschrieben, der vierjährig im März 1991 aus dem 53. Stock eines New Yorker Hochhauses stürzte. Der Hausmeister hatte für einen Moment eines der raumhohen Fenster zum Putzen offengelassen, während das Kind in der Wohnung umherrannte.

Wie geht es Ihnen mit Musik? Welche Lieder machen Sie glücklich? Wann haben Sie diese zum ersten Mal gehört und in welcher Situation? Gehören die Songs, die Sie heute glücklich machen, zu denen, die Sie früher schon mochten?

Auf welche Weise vermag Musik Sie zu berühren? Was passiert in Ihrem Körper? Was in Ihrem Geist? Gibt es Lieder, die Sie schon Ihr Leben lang begleiten?

Obwohl unsere Sinne bei unserem Glücksempfinden eine große Rolle spielen, dürfte es schwierig werden, dauerhaftes Glück allein dadurch zu erreichen, dass wir eine Intensivierung unserer sinnlichen Wahrnehmungen anstreben. Denn die reine Befriedigung sinnlicher Lüste hält meist nur kurz an, sodass wir die Intensität und Dosis immer weiter steigern müssten und die sinnliche Befriedigung damit unter Umständen so weit treiben würden, dass sie selbstzerstörerisch werden könnte. Beim Hören von Musik mag das vielleicht nicht passieren, aber in anderen Bereichen, die dazu angetan sind, unser Glück über sinnliche Erlebnisse zu steigern, ist dieses Risiko durchaus gegeben, wenn Sie zum Beispiel an Essen, Alkohol oder exzessiven Sport denken.

Welche sinnlichen Erlebnisse machen Sie glücklich? In welchen Bereichen müssen Sie aufpassen, es nicht zu übertreiben?

Das Glück der Gewohnheit

»Wenn ich Narr genug wäre, noch an das Glück zu glauben, so würde ich es in der Gewohnheit suchen.«[117]

(François René Vicomte de Chateaubriand, 1768–1848, französischer Schriftsteller und Politiker)

Geben Ihnen Gewohnheiten Halt und Sicherheit und vielleicht sogar ein Glücksgefühl? Rituale wie der Cappuccino am Morgen oder der Weg durch den Park? Ein Duft, den Sie mögen, der Gesang der Vögel, der Anblick des Himmels?

Was immer die Gewohnheiten und Rituale Ihres Lebens sein mögen, tragen diese höchstwahrscheinlich zu Ihrem Glück bei, weil sie Ihren Alltag strukturieren und dadurch Orientierung und Halt geben. Zudem verbinden uns bestimmte Rituale auch mit Menschen. In dem Café, in dem wir Kaffee trinken, kennt man uns und weiß, was wir trinken, der Bäcker an der Ecke hat diese leckeren Croissants und beim Ausführen des Hundes treffen wir auf der immer gleichen Wiese auf die immer gleichen Hundebesitzerinnen. Der Käse, den wir in diesem kleinen Geschäft kaufen, ist der beste in der Stadt und wir freuen uns den ganzen Tag darauf, ihn am Abend zu essen.

Was sind Ihre Gewohnheiten und Rituale? Tragen diese zu Ihrem Alltagsglück bei?

Wie sehr wir Gewohnheiten und Ritualen unterliegen, stellen wir oft erst fest, wenn sich etwas verändert, wir im Urlaub sind, unser Stammcafé geschlossen hat oder der Lieblingskäse nicht vorrätig ist. Wenn sich nur Kleinigkeiten in unserem täglichen Rhythmus ändern, wirft uns das wahrscheinlich nicht aus der Bahn, größere Veränderungen hingegen erfordern eine Anpassungsleistung, die uns zunächst aus unserer Komfortzone reißen kann.

Dabei ist es gut, immer mal wieder zu testen, was man braucht und liebt und was zur eigenen Zufriedenheit und zum Wohlbefinden beiträgt. Dabei geht es vor allem um das kleine Alltagsglück, aus dem sich unser Leben und vielleicht auch das große Lebensglück zusammensetzt. Denn mal ehrlich, wie soll das große Glück aussehen, so ganz praktisch im Alltag? Wenn wir es zum Beispiel gewohnt sind, jeden Tag eine Stunde zu joggen und plötzlich eine Verletzung haben, die das nicht zulässt, fehlt uns der gewohnte Auslauf, was unserem Glück eher abträglich sein dürfte. Und genauso verhält es sich mit den meisten Alltäglichkeiten, die unser Leben ausmachen und zusammenhalten.

Das Wegfallen welcher Rituale und Gewohnheiten würde Ihr Alltagsglück mindern? Oder brauchen Sie keine Gewohnheiten? Dann schreiben Sie über das, was Ihnen sonst Stabilität und Zufriedenheit verleiht.

Wie wichtig Rituale sind, kann man bei Kindern beobachten, die es meist schneller aus der Bahn wirft, wenn sich am gewohnten Tagesablauf etwas verändert. Abends kommen Kinder oftmals am besten zur Ruhe, wenn ein fester, gewohnter Rhythmus etabliert wird. Oft wollen sie sogar über einen längeren Zeitraum hinweg immer dieselbe Geschichte vorgelesen oder erzählt bekommen und reagieren schon empfindlich, wenn sich auch nur der kleinste Bestandteil dieser Geschichte ändert.

Gewohnheiten sind also wichtig. Aber umgekehrt können sie uns auch einengen und bieten uns überdies nicht die nötige Anregung, die das Gehirn ebenfalls braucht, um zu lernen und Glücksbotenstoffen auszuschütten, wie wir das in Kapitel IV (S. 110 ff.) bereits festgestellt haben.

Aber es ist kein Widerspruch, dass wir Gewohnheiten ebenso brauchen wie Veränderungen, denn in Wahrheit bedingt das eine das andere. In die Sicherheit der Gewohnheiten hinein beleben und inspirieren wohldosierte Veränderungen uns. Eine wichtige Voraussetzung dafür ist, dass wir so viel Vertrautes aufrechterhalten, dass wir uns sicher fühlen. Zu viele Veränderungen und Neuerungen verunsichern uns eher und machen tendenziell unglücklich.

Halten wir also fest: Sowohl Gewohnheiten als auch Veränderungen sind für unser Wohlbefinden und Glück notwendig. Deswegen lieben wir es, in den Urlaub zu fahren, und freuen uns ebenso darauf, wieder nach Hause zu kommen. Und sogar in der Fremde nehmen wir erstaunlich schnell neue Gewohnheiten an. Auch im Urlaub suchen wir uns eine Bäckerei, zu der wir jeden Morgen gehen, finden ein Lieblingscafé oder einen Platz am Strand, der besonders schön ist und zu dem wir täglich pilgern.

Dass der Mensch ein Gewohnheitstier ist, hat unter anderem evolutionäre Gründe. Führt ein bestimmter

Weg zu einer Wasserquelle, ist es sinnvoll, sich diesen zu merken und immer wieder zu gehen. Gleiches gilt für fruchtbare Felder oder Regionen, in denen Wild zu finden ist. Gewohnheiten sichern aber noch aus einem anderen Grund unser Überleben. Automatismen ermöglichen es uns, in gefährlichen Situationen schnell zu reagieren, auch Reiz-Reaktions-Schema genannt. Und sie entlasten unser Gehirn, weil sie uns der Notwendigkeit entheben, selbst in banalen Situationen immer wieder aufs Neue Überlegungen anstellen und Entscheidungen treffen zu müssen.

Nur wenn unsere Reaktionsmuster so starr werden, dass sie uns einschränken, tragen sie nicht länger zu unserem Glück bei. Spätestens dann sollten wir bewusst Veränderungen herbeiführen, um das Wohlbefinden wiederherzustellen, das mit einer gewissen Entscheidungsfreiheit und Handlungsflexibilität einhergeht.

Wie sieht es bei Ihnen mit der Balance zwischen Gewohnheit und Veränderung aus? Welche Gewohnheiten möchten Sie behalten? Welche Veränderungen stehen an und wie wollen Sie diese angehen?

Das Glück der Veränderung

»Man ist niemals so unglücklich, wie man sich einbildet, noch so glücklich, wie man erhofft hatte.«[118]

(François de La Rochefoucauld, 1613–1680, französischer Schriftsteller und Militär)

Nachdem wir uns im vorherigen Kapitel eingehend der Frage gewidmet haben, wie Gewohnheiten und Rituale zu unserem Glück beitragen, wenden wir uns jetzt dem Glück der Veränderung zu. Anzumerken ist, dass wir alle mehr oder weniger träge sind, wenn es um Veränderungen geht. Das trifft insbesondere dann zu, wenn wir nicht voraussehen können, was uns aufgrund der Veränderungen erwartet. Oder wenn es um Veränderungen geht, die wir nicht wollen und die uns vielleicht sogar zwingen, liebgewonnene Gewohnheiten aufzugeben.

Aber: Blicken Sie einmal zum Himmel. Das Bild der Wolken verändert sich ständig. Setzen Sie sich an einen Fluss und beobachten die Veränderungen, die sich durch das Fließen des Wassers ergeben. Nehmen Sie das Werden und Vergehen in der Natur wahr.

Ich bin mir sicher, dass Sie diesen Wechselspielen etwas abgewinnen können. Stellen Sie sich vor, der Himmel wäre immer gleich, das wäre so, als hätte jemand eine Fototapete an den Himmel geklebt. Das Spiel der Wolken hingegen belebt uns ebenso wie die sich mit den Jahreszeiten verändernde Natur oder das Fließen eines Baches.

Veränderungen regen die Sinne an und schärfen die Aufmerksamkeit; sie versetzen den Körper in einen Zustand, in dem er wach ist und wir alles ganz besonders intensiv wahrnehmen. Denn mit jeder Veränderung geht zunächst eine kurze Verunsicherung einher, die unseren Körper in einen aufnahmebereiten Zustand versetzt. Wir nehmen die Dinge wahr und unsere Sinnesorgane melden ihre Eindrücke dann an unser Gehirn, das die notwendigen Anpassungen vornimmt und uns warnt, sollte etwas gefährlich werden. Dabei werden körpereigene Stoffe wie Adrenalin und Cortisol freigesetzt, die es uns ermöglichen, zahlreiche Informationen in kurzer Zeit zu verarbeiten. Beides sind Botenstoffe, die dafür sorgen, dass wir wach, lebendig und bereit für das Leben sind.

Erst wenn die Botenstoffe über einen längeren Zeitraum in zu hoher Konzentration ausgeschüttet werden, können sie zum Problem werden und uns schaden. Aber in erster Linie helfen sie uns. Und weil unsere Sinne auf die Wahrnehmung von Kontrasten angelegt sind, ist es hilfreich, sein Glück nicht nur in der bloßen Wiederholung angenehmer Erlebnisse zu suchen, sondern ebenso in der Abwechslung und Variation. Mit dem Unbekannten kann sich eine freudige Überraschung verbinden, die ein Lustgefühl hervorruft und zu Ihrem Glück beiträgt.

Wie offen sind Sie für neue Erfahrungen und Erlebnisse? Überwiegt bei Ihnen die Scheu vor dem Unbekannten oder siegen Neugier und Lust?

Schreiben Sie über das Glück, das Sie empfinden, wenn Sie in den Himmel blicken und die Veränderungen wahrnehmen.

Berichten Sie von einer Situation, in der Sie etwas Neues erlebt haben, das Sie glücklich gemacht hat.

Günther Bien schreibt: »Wenn wir immer glücklich wären, wäre das in der Tat langweilig.«[119] Das passt zu dem, was wir bereits gesagt haben. Damit spielt Bien auf die notwendigen Veränderungen im Leben an, die es uns ermöglichen, uns zu entwickeln und lebendig zu fühlen. Entscheidend ist natürlich immer die Art der Veränderung, ihre Intensität sowie unsere Gestaltungsmöglichkeit. Um Veränderungen als bereichernd zu erleben, ist es wichtig, dass wir Einfluss auf das Geschehen haben.

Nur wenn wir mutig genug sind, ins Unbekannte aufzubrechen, haben wir die Chance, etwas Neues zu erleben. Nur wenn wir bereit sind, Gewohnheiten aufzugeben, können sich Veränderungen einstellen. Dafür brauchen wir Vertrauen, sowohl in andere als auch in uns selbst. Um aufzubrechen, benötigen wir das Zutrauen, dass wir dem, was kommt, gewachsen sind. Natürlich kann man das nie mit Gewissheit sagen, aber unsere Erfahrungen ermöglichen es uns, diesbezüglich ganz gute Voraussagen zu treffen. Konfuzius (551–479 v. Chr.) hat gesagt: »Wer ständig glücklich sein will, muss sich oft verändern.« Ein Satz, der heute aktueller denn je ist, weil sich die Bedingungen in der Welt ständig verändern und wir mit ihnen.

VI

JEDES GLÜCK HAT SEINE ZEIT

Vom Glück der Faulheit

»Das Leben stimmt nicht mit der Philosophie überein: Es gibt kein Glück ohne Müßiggang, und nur das Nutzlose bereitet Vergnügen.«[120]

(Anton Pawlowitsch Tschechow, 1860–1904, russischer Arzt und Schriftsteller)

Da der Begriff der Faulheit oft eher negative Assoziationen hervorruft, könnte man das Glück der Faulheit auch als Glück des Nichtstuns oder der Muße bezeichnen. Bereits Lao-Tse (6. Jh. v. Chr.), Begründer des Daoismus (Taosimus), neben dem Konfuzianismus und Buddhismus eine der *»Drei Lehren«,* die China maßgeblich geprägt haben, empfiehlt, weder dem Glück noch anderen Zielen hinterherzulaufen, weil man nicht durch Aktionismus, sondern durch Untätigkeit glücklich werde.

Dabei bedeutet Faulheit nicht, dass man nichts tut, sondern vielmehr in der Aktivität innehält und einen Moment der Entschleunigung in einer extrem schnellen Welt erfährt. In diesem Sinne sind auch der Kontrast und die Polarität zu verstehen, innerhalb derer das Glück des Nichtstuns überhaupt erst erfahrbar wird. Es ist das Gegenstück zu einer produktiven Geschäftigkeit. Ein Rückbesinnen auf das Sein im Hier und Jetzt. Ein Innehalten auf allen Ebenen, inklusive im zielgerichteten Denken.

Ein Zustand, den man auch als Muße bezeichnen könnte. Ein Zustand, der nur äußerlich passiv anmutet, in Wahrheit aber einen offenen und wachen Geist sowie Körper bedingt, der bereit ist, Reize aus der Umwelt aufzunehmen und das innere System fortwährend zu aktualisieren und auszurichten. Genaugenommen ein ziemlicher Kraftakt, der in der Regel, wenn wir uns die Zeit der Muße nicht nehmen, im Hintergrund zu allen anderen Aktivitäten noch hinzukommt.

So wie Schlaf unabdingbar ist, um Stoffwechselvorgänge und Immunprozesse in Ganz zu setzen, bedarf es der Auszeiten und des Innehaltens unseres Geistes und Körpers, um das Neue und die Veränderungen, mit denen wir täglich konfrontiert sind, zu verarbeiten. Räumen wir uns diese Zeit nicht ein, kann es zu einer Überforderung unserer psychischen und physischen Systeme kommen, was dem Glück mit Sicherheit abträglich ist.

Was verstehen Sie unter Faulheit und können Sie der Faulheit etwas abgewinnen? Welchen Ruf hatte die Faulheit in Ihrer Kindheit und welchen hat sie aktuell? Wo und wie können Sie Phasen der Muße und des Innehaltens in Ihr Leben integrieren?

Freiheit, Faulheit, Muße, Kontemplation und Kreativität sind alles Begriffe, die eng miteinander verbunden sind. Um einen gemeinsamen Nenner zu finden, wollen wir freie Zeit einmal als eine Zeit betrachten, die man nach den eigenen Wünschen gestalten und nutzen kann, um entweder innezuhalten und nichts zu tun oder sich der Muße hinzugeben und kreativ zu werden.

Der aus dem Althochdeutschen stammende Begriff *muoza* bedeutete ursprünglich Gelegenheit, Möglichkeit. Das passt gut zu unseren Eingangsüberlegungen, dass wir dem Glück die Chance geben wollen, zu uns zu kommen. Zur künstlerischen und kreativen Tätigkeit sei angemerkt, dass Sie diesen Begriff gern sehr weitgefasst verstehen dürfen. Auch die Arbeit im Garten sowie Kochen, Backen oder handwerkliche Tätigkeiten fallen für mich in diesen Bereich. Überall und immer, wo Sie etwas kreieren, also erschaffen, sind Sie kreativ tätig; das meint das Verfassen eines Gedichts oder Textes ebenso wie die Zubereitung einer Mahlzeit.

Sind Sie künstlerisch beziehungsweise kreativ tätig? Trägt das zu Ihrem Glück bei und lässt Sie innehalten? Gelingt es Ihnen auch, absichtslos kreativ zu sein?

In der Antike reichte das Spektrum des Begriffs σχολή von Muße und Ruhe über Verzögerung bis hin zu Langsamkeit. Doch erst seit einigen Jahrzehnten ist die Muße auch zum Gegenstand der Forschung geworden, vor allem in der Gesundheitsförderung und Prävention. Es sind einige Publikationen dazu erschienen, wie etwa »Das Muße-Prinzip: Wie wir wirklich im Jetzt ankommen«[121] oder »Ökonomie des Glücks. Muße, Müßiggang und Faulheit in der Literatur«[122].

Interessant ist, dass die Wörter »Muße« und »Muse«, die in der Rechtschreibung mitunter verwechselt werden, inhaltlich tatsächlich zusammenhängen. Während die Muße innere Ruhe und freie Zeit bedeutet, ist die Muse eine der neun Töchter des Zeus und der Mnemosyne und die Schutzgöttin der Künste. Wer von der Muse geküsst wird, ist kreativ inspiriert. Allerdings kann man nur kreativ werden, wenn ausreichend Zeit, also Muße, zur Verfügung steht. In dem meisten kreativen Prozessen dürfte dementsprechend früher oder später ein Moment der Muße vorhanden sein sowie ein Element der Muse.

Wie ist das bei Ihnen? Entwickeln Sie im Zustand der Muße kreative Ideen? Wann küsst Sie die Muse?

Sowohl die Faulheit als auch die Tätigkeit können also zum richtigen Zeitpunkt zu unserem Glück beitragen. Sie erinnern sich, dass Polaritäten und Kontraste unser Leben bereichern und intensivieren? Würden wir nur arbeiten, würde uns das irgendwann müde machen und unser Wohlgefühl beeinträchtigen. Aber ebenso würde es sich verhalten, wenn wir uns nur dem Nichtstun oder Müßiggang verschreiben würden. Auch das würde uns auf Dauer und in seiner Ausschließlichkeit unzufrieden machen.

Wie steht es bei Ihnen mit der Balance zwischen Tätigsein und Nichtstun? Haben Sie herausgefunden, welches Maß Ihnen guttut?

Wie relevant Muße und der Faktor Zeit für unser Glück sind, zeigen auch neuere Untersuchungen.[123] Whillans, Professorin an der Harvard Business School, hat erforscht, wie es Menschen gelingt, die Balance zwischen Zeit und Geld zu finden. Sie zeigt, dass Menschen sich oft für den materiellen Reichtum entscheiden und dadurch den Preis zahlen, weniger Zeit zu haben. Das passiert deswegen, weil die Menschen materiellen Reichtum mit Glück und höherem sozialen Status gleichsetzen und Geld für Konsum ausgeben, statt es zu nutzen, um sich Zeit zu erkaufen. Doch das hat die Menschen in Whillans' Studien nicht glücklicher gemacht, weswegen die Professorin rät, auf einen Teil von Geld zu verzichten und dafür Zeit zu gewinnen, um sich mit Freunden und der Familie zu treffen, anderen zu helfen oder Sport zu treiben.

Der Weg ist das Glück

»Es gibt keinen Weg zum Glück. Glücklichsein ist der Weg.«[124]

(Siddhartha Gautama Buddha, 6.–5. Jh. v. Chr., Begründer des Buddhismus)

Die Annahme, dass der Weg entscheidender ist als das Ziel, kennen wir aus vielen Zusammenhängen. Bei den Philosophen, die in diesem Buch zu Wort kommen, ist immer wieder die Rede davon, dass man das Glück nicht unmittelbar ansteuern kann, sondern es sich vielmehr von allein einstellt, sobald man einer erfüllenden, sinnvollen Tätigkeit nachgeht. Oder dass das Glück einen dann erreicht, wenn man innehält und sich absichtslos mit etwas beschäftigt, das primär kein Produkt hervorbringen soll und kein bestimmtes Ziel verfolgt. Bien beschreibt das Glück als Nebenprodukt einer sinnstiftenden Tätigkeit[125] und Lenoir schreibt, dass das Glück mit dem Gehen komme und es nicht wesentlich sei, ob man seine Ziele erreiche, sondern ob man auf dem Weg glücklich sei[126].

Um das Glück des Schaffens und der kreativen Tätigkeit ging es bereits beim Flow-Erleben, bei dem man so in einer Tätigkeit aufgeht, dass man alles um sich herum vergisst und glückselig im Tun versinkt. Ein Zustand, in dem man sich selbstvergessen im Einklang mit sich und der Welt befindet. Diese Versunkenheit kann man jedoch nicht nur im kreativen Schaffen erreichen, sondern auch in anderen Lebensbereichen. Nämlich immer dann, wenn wir uns völlig auf etwas einlassen, sei das in der Meditation oder in der Natur, beim Sport oder beim Sex.

Das mit dem Begriff des Flow bezeichnete Glück setzt laut Csíkszentmihályi[127] allerdings ein gewisses Maß an Geschicklichkeit voraus, die es einem erlaubt, konzentriert bei einer Tätigkeit zu bleiben. Neben dieser Fähigkeit braucht es dann noch die Bereitschaft und den Willen, sich auf etwas einzulassen und ganz darauf zu fokussieren. Die beiden Psychologen Gilbert und Killingsworth von der Harvard University haben eine Untersuchung durchgeführt, die das noch einmal belegt. In ihrer Studie konnten sie zeigen, dass die Fokussierung auf einen einzelnen gegenwärtigen Gegenstand oder eine einzige aktuelle Handlung das Glücksempfinden steigert.[128]

Bei welchen Tätigkeiten vergessen Sie alles um sich herum? Können Sie diesen Zustand bewusst herstellen oder stellt es sich von allein ein? Wenn Sie Einfluss darauf haben: Wann wollen Sie sich wieder Ihrem Flow hingeben?

Das Wissen darum, dass kreative Tätigkeiten uns glücklich und gesund machen können, reicht bis in die Antike zurück, als Tempel und Heilstätten in der Regel auch verschiedene Künste beherbergten. Dabei wurden die Kranken nicht nur angeleitet, selbst kreativ und künstlerisch tätig zu werden, sondern waren zugleich von Kunst und Kunstwerken umgeben, weil man einer ästhetischen Umgebung einen großen Einfluss bei der Gesundung beimaß.

Die moderne Psychologieforschung geht ebenfalls davon aus, dass eine Steigerung des kreativen Potenzials zum Glück und zur Heilung beitragen kann. Der Arzt Donald Winnicott schreibt, dass ein schöpferischer Umgang mit den Forderungen des Alltags ein wesentliches Merkmal seelischer Gesundheit sei, und versteht Kreativität als Tätigkeit, die lebendig halte und Sinn schaffe.[129]

Der Weg allein kann uns also bereits glücklich machen. Aber wie finden wir diesen Weg? Schließlich können wir nicht am Reißbrett einen Weg festlegen, der gut klingt, sondern merken oft erst beim Gehen, ob das, was wir tun, uns tatsächlich zufrieden macht oder nicht. Hinzukommt, dass das, was wir zu wollen glauben, nicht immer das ist, was uns glücklich macht. Zumal unser Wollen und Wünschen und unsere Ziele immer auch von unseren Vorstellungen beeinflusst werden, die wiederum von unserer Sozialisation sowie von unserem Umfeld abhängen. Was vermitteln uns die Medien? Was sagen Nachbarinnen und Kollegen? Was verschafft uns Anerkennung und Prestige?

Niemand von uns lebt im luftleeren Raum, sondern stets in einer gewissen sozialen Interaktion, von der sich keiner von uns völlig freimachen kann. Wie wir uns von den prägenden Einflüssen unseres Elternhauses ebenfalls nur bedingt lösen können. Den eigenen Weg zu finden, bedeutet also immer ein Stück Arbeit und bedarf der ständigen Anpassung und Neujustierung. Dass unsere Fußspuren nicht zu sehen sind, wenn wir in die Fußstapfen anderer treten, klingt plausibel. Dass wir nur auf unseren eigenen Wegen Spuren hinterlassen, hört sich gut an. Dass sich Wege erst beim Gehen öffnen, ist ein schönes Versprechen. Aber wie wir unseren Weg finden, verrät uns niemand. Und würde es uns jemand sagen, wäre es wieder nicht unser eigener Weg.

Welche Wege haben Sie in Ihrem Leben eingeschlagen? Wann und an welchen Gabelungen haben Sie die Richtung geändert? Haben Sie das Gefühl, aktuell auf einem guten Weg zu sein und woran machen Sie das fest?

Eine andere Frage, die sich stellt, ist die, ob es überhaupt den einen einzigen richtigen Weg gibt, der uns glücklich macht. Vielleicht ist es gar nicht entscheidend, welchen Weg wir gehen, sondern wie und mit wem. Wenn Sie zum Beispiel eine Wanderung machen, ist es mitunter auch unerheblich, welchen Berg Sie besteigen. Viel entscheidender kann es sein, was Sie auf dem Weg sehen und erleben: schöne Blumen, wilde Tiere, plätschernde Bäche. Und die Aussicht vom Gipfel: Hat nicht jeder Berggipfel etwas Besonderes? Sind wir nicht zufrieden und glücklich, den Gipfel überhaupt erreicht zu haben, egal, wie er heißt und wo er sich befindet? Und verhält es sich mit unserem Leben nicht genauso?

Welche Erfahrungen haben Sie damit gemacht, dass sich Wege manchmal erst beim Gehen öffnen? Welche Wege haben Sie bereits beschritten, bei denen Sie vorher nicht wussten, wohin diese Sie führen? Und wo sind Sie auf diesen Wegen gelandet?

Das Glück des Augenblicks

»Menschliches Glück stammt nicht so sehr aus großen Glücksfällen, die sich selten ereignen, als vielmehr aus kleinen glücklichen Umständen, die jeden Tag vorkommen.«[130]

(Benjamin Franklin, 1706–1790, amerikanischer Schriftsteller, Verleger, Staatsmann)

Obwohl wir uns mit dem Augenblicksglück bereits beschäftigt haben, wollen wir uns an dieser Stelle noch einmal die Zeit nehmen, es genauer zu betrachten. Bereits die Griechen waren der Meinung, dass sich Glück immer nur im gegenwärtigen Augenblick erfahren lasse. Nicht umsonst hat das Thema der Achtsamkeit in den letzten Jahrzehnten eine Renaissance erlebt. Dabei ist die Idee der Achtsamkeit weder neu noch revolutionär. Vielmehr handelt es sich um etwas Natürliches und evolutionär Sinnvolles, das uns im Lauf der Zeit durch den westlichen Lebensstil jedoch zunehmend verlorengegangen ist. Würden wir heute beim Jagen noch vom Tiger bedroht, wäre unsere Aufmerksamkeit ganz von allein im gegenwärtigen Augenblick. Aber so denken wir beim Einkaufen an Gestern oder Morgen und laufen dabei lediglich Gefahr, mit dem Einkaufswagen eines anderen Essensjägers zu kollidieren, der ebenso gedankenverloren durch die Gänge streift wie wir.

Ertappen Sie sich zuweilen dabei, dass Ihre Gedanken aus dem Hier und Jetzt in die Vergangenheit oder Zukunft wandern? Wie könnten Sie sich in den Momenten daran erinnern, in den Augenblick und das Gewahrsein zurückzukehren?

Aus der Depressionsforschung weiß man, wie wesentlich die Konzentration auf den Augenblick für unser Wohlbefinden und Glück ist. Menschen mit Depression neigen nämlich extrem zum Grübeln und verlieren sich dabei schnell in meist negativen Gedankenschleifen. Schafft man es dagegen, sich auf den Moment zu konzentrieren, verbessert sich das Wohlbefinden erstaunlich schnell.

Die Achtsamkeit neu ins Gespräch gebracht und zu einer eigenen Methode entwickelt hat unter anderem der Psychologe Jon Kabat-Zinn,[131] dessen MBSR-Therapie (Mindfulness-Based Stress Reduction), bei uns auch »Achtsamkeitsbasierte Stressreduktion« genannt, längst in Deutschland angekommen ist und hier ebenso erfolgreich eingesetzt wird wie in den Vereinigten Staaten. Die Methode stammt ursprünglich aus der buddhistischen Meditation und soll dabei helfen, den Geist zur Ruhe kommen zu lassen und das Gedankenkarussell zum Stillstand zu bringen.

In jedem Fall scheint es eine gute Idee, so viele schöne und glückliche Augenblicke zu sammeln wie nur möglich und diese vielleicht sogar schriftlich festzuhalten, um sie lebendig und in Erinnerung zu behalten. Auch das *Glückstagebuch* am Ende des Buches (S. 181 ff.) stellt hierfür eine geeignete Methode und Übungsmöglichkeit dar. Studien zeigen, dass das Festhalten von Gefühlen dazu beitragen kann, negative Gefühle gelassener zu nehmen und Glücksmomente intensiver zu genießen.[132]

Wann verspüren Sie das kleine Glück des Augenblicks? Vielleicht macht es Sie glücklich, wenn die Verkäuferin im Supermarkt Ihnen einen schönen Abend wünscht? Oder Sie den ersten Vogelgesang am Morgen hören? Oder ist es bei Ihnen der erste Schluck Kaffee? Das zur Ruhekommen am Abend? Fertigen Sie eine Liste mit persönlichen Glücksmomenten an und verordnen Sie sich für die nächsten Tage jeden Tag einen solchen Moment.

Ein weiterer Grund dafür, dass wir unser Glück vor allem im Augenblick suchen sollten, ist die Tatsache, dass wir weder Vergangenheit noch Zukunft unmittelbar beeinflussen können, den gegenwärtigen Augenblick hingegen schon. Wenn uns kalt ist, können wir uns etwas anziehen. Sollten wir Stress haben und angespannt sein, können wir die Muskulatur lockern und versuchen loszulassen. Wenn wir gehetzt sind, können wir einen Moment innehalten und auf diese Weise aktiv zu unserem Wohlbefinden und Glück beitragen.

Nachdem Sie in der vorherigen Übung Ihre persönlichen Glücksmomente notiert haben, möchte ich Sie einladen, nun eine Liste von Dingen anzufertigen, von denen Sie glauben, dass diese Sie glücklich machen könnten. Also Sachen, die Sie gern einmal ausprobieren möchten. Notieren Sie, was davon Sie in den nächsten Tagen machen wollen.

Spielend glücklich

»Die höchste Form des Glücks ist ein Leben mit einem gewissen Grad an Verrücktheit.«[133]

(Erasmus von Rotterdam, 1466–1536, Schriftsteller, Theologe und Priester)

Wenn man spielt und dabei Freude hat, dürfte das schon sehr nahe an das Augenblicksglück heranreichen. Und es gibt unendlich viele Spielarten, die uns glücklich machen können. Spiele, die Sie vielleicht noch aus Ihrer Kindheit kennen und für die man nur seine Fantasie und vielleicht noch ein paar Decken und Stühle benötigt, Brett- und Kartenspiele, sportliche Spiele sowie das Spiel mit Sprache und Worten, mit dem wir uns in diesem Kapitel beschäftigen wollen.

Schon kleine Kinder lieben Lautmalereien. Allein das Fremdwort dafür ist wunderbar: *Onomatopoetika.* Sprechen Sie es gern einmal laut aus und lassen Sie es sich so richtig auf der Zunge zergehen. Die Definition ist ebenfalls großartig: »Onomatopoetika (zu griech. *onomatopoiein* ›benennen‹) sind laut-, klang-, schallnachahmende Urschöpfungen, zum Beispiel *kikeriki, miau, plopp, platsch, schlürf.* Sie werden zur phonischen oder grafischen Wiedergabe von Lauten, Klängen und Schällen verwendet, mitunter auch in der Wortbildung als Basis konvertierter Verben, zum Beispiel *miauen, muhen, schlürfen.*«[134]

Knallen, rumpeln, rauschen, klirren, bellen, Klipp-Klapp, Huhu, Aua sind ebenfalls Onomatopoetika. Und dann gibt es noch umschreibende Onomatopoetika wie *trompeten* oder *flöten,* die einen Laut nicht direkt nachahmen, ihn aber benennen und damit indirekt ausdrücken. Auch andere Wortarten enthalten Onomatopoetika wie die Substantive *Kuckuck, Zilpzalp* oder das Verb *tschilpen.*

Notieren Sie Onomatopoetika, die Ihnen spontan einfallen. Vielleicht erinnern Sie ein paar Wörter, die Sie als Kind gern mochten. Kümmern Sie sich nicht darum, ob es sich dabei tatsächlich um Onomatopoetika handelt, sondern notieren Sie die Wörter, die Ihnen Freude bereiten.

Mit Worten und Sprache zu spielen, hat aber nicht nur etwas Beglückendes, sondern kann zudem ein seriöses Anliegen sein. Viele Dichter und Dichterinnen bedienen sich lautmalerischer Effekte und kombinieren sie mit anderen Stilelementen der deutschen Sprache, wie zum Beispiel der Alliteration, bei der die betonten Silben benachbarter Wörter den gleichen Anfangslaut haben. Ein Mittel, das auch in der Werbung verwendet wird: *Wunderbare Winterwanderwelt* arbeitet beispielsweise mit dem Mittel der Alliteration.

Oder sie verwenden ein Tautogramm, eine Sonderform der Alliteration, bei der jedes Wort mit demselben Buchstaben beginnt. Hier das Beispiel eines Verses, der sowohl mit Onomatopoetika als auch Alliterationen arbeitet. Er ist aus der Schlussstrophe von Clemens Brentanos »Wiegenlied«:[135]

> *»Singt ein Lied so süß gelinde,*
> *Wie die Quellen auf den Kieseln,*
> *Wie die Bienen um die Linde*
> *Summen, murmeln, flüstern, rieseln.«*

Wer könnte für das Glück oder glückliche Augenblicke besser geeignet sein als der Clown? Das hat nicht nur Heinrich Böll[136] beschrieben, sondern das haben Sie sicher auch schon erlebt? In meiner Jugend hat man Menschen, die besonders lustig und fröhlich waren, gefragt: »Na, heute schon einen Clown gefrühstückt?«

Oder kennen Sie die Zeile *»Komm mit mir ins Abenteuerland, der Eintritt kostet den Verstand?«* aus dem Song »Abenteuerland« der Gruppe Pur,[137] die uns auffordert, unsere Fantasie zu nutzen, um dem Alltag wenigstens zeitweise zu entfliehen.

Der große argentinische Autor Jorge Luis Borges[138] schrieb mit 85 Jahren:

»[...] Freilich hatte ich auch Momente der Freude.
Aber wenn ich noch einmal anfangen könnte,
würde ich versuchen nur mehr gute Augenblicke
zu haben.
Falls Du es noch nicht weißt,
aus diesen besteht nämlich das Leben.
Nur aus Augenblicken.
Vergiss nicht den jetzigen.
Wenn ich noch einmal leben könnte,
würde ich von Frühlingsbeginn an bis in den
Spätsommer barfuß gehen [...]«

Setzen Sie das Gedicht fort oder schreiben Sie ein eigenes und lassen sich dabei von Borges' Worten inspirieren.

Rhythmus und Bewegung sind ebenfalls gut dafür geeignet, ein freudiges und vielleicht sogar glückliches Kribbeln in uns auszulösen. Ein Lied, das genau diese Ingredienzien hat, ist das Volks- und Kinderlied »Die Affen rasen durch den Wald«.[139] Ein richtiges Gute-Laune-Lied, von dem ich Ihnen hier die erste Strophe an die Hand geben möchte:

»Die Affen rasen durch den Wald,
der eine macht den andern kalt.
Die ganze Affenbande brüllt:
Wo ist die Kokosnuss,
wo ist die Kokosnuss,
wer hat die Kokosnuss geklaut?«

Welches Lied fällt Ihnen ein, das Sie in gute Laune versetzt und Ihnen ein paar glückliche Augenblicke oder Gedanken und Erinnerungen verschafft?

Oder wie wäre es mit Pippi Langstrumpf, auch eine Figur, deren Geschichten und Lieder Frohsinn und glückliche Zeiten versprechen. Ich hatte auf meinem Handy eine Zeitlang als Klingelton das Lied »Hey, Pippi Langstrumpf«[140]. Sie hätten mal sehen sollen, wie die Leute gelächelt haben, wenn sie den Klingelton gehört haben. Vielleicht zaubern die nächsten Zeilen auch auf Ihr Gesicht ein Lächeln und bereiten Ihnen einen Augenblick guter Laune.

> *»2 × 3 macht 4 –*
> *widdewiddewitt und 3 macht 9e!*
> *Ich mach' mir die Welt – widdewidde wie sie mir gefällt*
> *Hey – Pippi Langstrumpf hollahi-hollaho-holla-hopsasa*
> *Hey – Pippi Langstrumpf – die macht, was ihr gefällt.*
> *Hey – Pippi Langstrumpf hollahi-hollaho-holla-hopsasa*
> *Hey – Pippi Langstrumpf – die macht, was ihr gefällt.«*

Welche vergleichbare Figur oder welche Verse bereiten Ihnen ein Glücksgefühl und positive Erinnerungen?

Weil es beim Spielen natürlich nicht nur um die Sprache und das Schreiben geht, wollen wir am Ende des Kapitels noch einmal beleuchten, welche weiteren Spiele Sie glücklich machen oder früher glücklich gemacht haben. Denken Sie dabei sowohl an Karten- und Brettspiele als auch an Spiele mit der Fantasie sowie Bewegungsspiele.

Notieren Sie alle Spiele, die Ihnen einmal Freude gemacht haben, egal wie lange das zurückliegt. Dann entscheiden Sie, welche dieser Spiele Sie in naher Zukunft wieder einmal ausprobieren wollen und mit wem.

Ein Wort zum Abschluss des Kapitels. Spielen wird, wie Muße und Faulheit, oft unterschätzt. Als sei es unwichtig und habe keinen Einfluss auf unser Leben und Wohlbefinden. Dabei ist Spielen etwas sehr Wertvolles, das uns Vieles lehren kann. Unter anderem, sich frei zu fühlen und im Augenblick zu sein.

VII
GLÜCKLICH IST …

... wer sein Glück teilt

> *»Das Geheimnis des Glücks liegt nicht im Besitz, sondern im Geben. Wer andere glücklich macht, wird glücklich.«*[141]
>
> (André Gide, 1869–1951, französischer Schriftsteller)

Ich weiß nicht, welcher Generation Sie angehören und ob Sie noch diese kleinen Cartoons kennen, auf denen ein Junge oder ein Mädchen abgebildet sind und in einer Sprechblase steht: *»Glücklich ist ...«* Das Mädchen und der Junge wurden dann meist bei einer Tätigkeit oder Aktivität gezeigt, sich küssend oder eng umschlungen und dieses Bild ergab dann den zweiten Teil des Satzes: *»... verliebt ist; ... schwimmen geht; ... Eis isst«.*

Dieses Glück zum Vorbild nehmend, wollen wir uns einmal ansehen, wer von uns glücklich ist, wenn er oder sie *sein Glück teilt.* Setzen wir für einen Augenblick den Begriff des Glücks und den des Wohlbefindens gleich, lässt sich guten Gewissens sagen, dass die Gestaltung und Pflege sozialer Kontakte, nach allem, was wir wissen, maßgeblich zu einem dauerhaften Wohlbefinden beiträgt. Wie wir Beziehungen leben und erleben und wie gut wir in eine Gemeinschaft eingebunden sind, hat großen Einfluss auf das Wohlbefinden, das über den reinen Glücksmoment hinausgeht.[142]

Dass soziale Kontakte und Beziehungen zur Gesundheit und zum Wohlgefühl beitragen, dürfte für die meisten Menschen zutreffen. Allerdings kann natürlich auch das Gegenteil der Fall sein. Beziehungen, die nicht gut laufen, können uns stressen und damit unserem Wohlbefinden und Glück abträglich sein. Wenn in der Folge im Text die Rede davon ist, dass Freundschaften zu unserem Glück beitragen, sind natürlich gelingende Beziehungen gemeint.

Indem wir mit Menschen in Kontakt treten, teilen wir uns mit und teilen zugleich etwas mit anderen, von wenigen Augenblicken bis hin zu unserem ganzen Leben. Eckart von Hirschhausen schreibt: »Sinnlichkeit miteinander zu teilen, macht mehr Spaß als allein. Glück auch.«[143] Glück sei ansteckend, so der Arzt und Komiker, und man könne es sogar weitergeben, ohne es selbst zu haben.

Erinnern Sie sich an Augenblicke, in denen Sie Glück und Freude mit einem oder einer anderen geteilt haben? In welchen Situationen war das? Lassen sich ähnliche Situationen wiederherstellen? Wie und mit wem wollen Sie das tun?

Dass Glück im wahrsten Sinne des Wortes ansteckend sein kann, hat Nicholas Christakis, Professor für Soziologie, herausgefunden. »Das Glück ist wie eine Schockwelle«, sagt er, nachdem er 20 Jahre lang 5000 Menschen begleitet hat. Seine Untersuchungen zeigen, dass das Glück eines Menschen stark vom Glück derer abhängt, mit denen er verbunden ist, was sich sogar in konkreten Zahlen ausdrücken lässt. Die Wahrscheinlichkeit, Glück zu empfinden, steigt um ganze 9 Prozent, wenn man einen glücklichen Freund oder eine glückliche Freundin hat. Umgekehrt erhöhen Sie für Ihre Freunde und Freundinnen die Wahrscheinlichkeit, glücklich zu sein, um 9 Prozent, wenn Sie selbst glücklich sind.[144]

Wie geht es Ihnen, wenn Sie mit glücklichen Freunden und Freundinnen zusammen sind? Empfinden Sie deren Glück als ansteckend? Beschreiben Sie eine Situation, in der das der Fall war.

Schreiben Sie über ein Ereignis, bei dem Sie gute Freunde mit Ihrem Glück angesteckt haben. Wo und wann war das? Wissen Sie noch, warum Sie glücklich waren?

Die Kulturwissenschaftlerin Annegret Braun, die an der Ludwig-Maximilians-Universität in München unter anderem zum Thema »Glück« forscht und das Buch »Glück? Klare Antworten aus erster Hand«[145] geschrieben hat, kommt ebenfalls zu dem Schluss, dass Beziehungen die größte Glücksquelle sind. Dass die Menschen ihr Glück jedoch nicht unbedingt dort suchen, weil Beziehungen zu pflegen auch anstrengend sei.

Kommen wir noch einmal auf einen uns mittlerweile vertrauten Philosophen zurück. Aristoteles hat in der »Nikomachischen Ethik«[146] geschrieben, dass ein Mensch nicht glücklich ist, wenn die Menschen, die zu seinem Lebenskreis gehören, unglücklich sind. Natürlich wäre es fatal, daraus eine allgemeine Regel oder sogar Moral abzuleiten, in dem Sinne, dass man selbst nicht glücklich sein darf, solange Menschen, die uns nahestehen, unglücklich sind. Glück ist kein demokratisierbarer Wert und man muss sich nicht auf die Weise solidarisieren, dass man mit anderen unglücklich ist.[147] Das Bestreben sollte vielmehr sein, dass wir aktiv dazu beitragen, dass wir und andere Menschen, vor allem natürlich die, die wir lieben, mehr Glück und weniger Unglück erfahren.

Wie geht es Ihnen, wenn Sie glücklich sind und andere nicht? Schmälert das Ihr eigenes Glück oder setzen Sie dann alles daran, die anderen ebenfalls glücklich zu machen?

»Wenn wir zum Glück der anderen beitragen, bewirken wir damit auch unser eigenes«, schreibt der Philosoph Frédéric Lenoir[148] und der Volksmund sagt *»Geben ist seliger denn Nehmen«.* Auch wissenschaftliche Studien belegen, dass es einen Zusammenhang zwischen dem eigenen Glücksempfinden und altruistischem Handeln gibt. Die glücklichsten Menschen sind laut Studien diejenigen, die offen für andere sind und deren Bedürfnisse und Glück für genauso wichtig erachten wie die eigenen Belange.[149]

Zur Demokratisierung des Glücks lässt sich noch anmerken, dass wir es vielleicht nicht immer in der Hand haben, andere so glücklich zu machen, wie wir selbst es gerade sind, aber sofern unser Glück nicht auf dem Unglück anderer aufbaut, müssen wir es keinesfalls ausschlagen. Zumal: Wenn es uns selbst gutgeht, sind wir besser in der Lage, anderen zum Glück zu verhelfen oder uns empathisch zu zeigen, sofern Mitmenschen leiden und wir nichts daran ändern können.

Das Teilen von Glück schafft aber nicht nur Wohlbefinden und Harmonie, sondern glückliche Menschen sind zugleich weniger egozentrisch und aggressiv. Zudem werden sie seltener krank, sodass man guten Gewissens sagen kann, dass Glücklichsein eine gute

Gesundheitsvorsorge ist.[150] Aber auch das darf im Umkehrschluss nicht dazu führen, dass Krankheiten als selbstverschuldet angesehen werden, weil man es versäumt hat, glücklich zu sein.

… wer Sinn empfindet

»Die Dringlichkeit des Strebens nach Glück kann als ein Indiz für die Verzweiflung gelten, die die Entbehrung von Sinn hervorruft.«[151]

(Wilhelm Schmid, geb. 1953, deutscher Philosoph)

Lassen Sie uns zunächst einmal beleuchten, was der Begriff »Sinn« im Kontext unseres Lebens überhaupt meinen könnte. Sinn ergibt sich unter anderem daraus, dass wir Zusammenhänge erkennen, das Gefühl von Kohärenz und Kontingenz erleben und so etwas wie einen roten Faden in unserem Leben finden. Schon Sokrates verwies darauf, dass ein Leben und Handeln nach den Kriterien der Kohärenz und Konsistenz zum Glück beiträgt[152] und Seneca sah es als größte Aufgabe an, seine Handlungen und Worte so in Einklang zu bringen, dass man sich selbst überall gleich und derselbe sei.[153]

Vereinfacht könnte man sagen, dass es zu unserem Glück beiträgt, wenn wir uns selbst treu bleiben und unseren Worten Taten folgen lassen. Wenn wir uns so verhalten, dass wir uns im Spiegel ansehen können und unsere Worte von heute auch morgen noch gelten.

Wir alle wünschen uns eine Art Bestimmung im Leben und haben das Bedürfnis, zu erfahren, wie diese lauten könnte und warum wir auf der Welt sind. Wir alle würden vermutlich gern wissen, was uns mit anderen verbindet, aber auch, was uns von ihnen unterscheidet und uns einzigartig macht. Lenoir schreibt, dass die Frage nach dem Glück an unseren Emotionen, Wünschen und Glaubenssätzen rührt und vor allem an dem Sinn, den wir unserem Leben geben.[154]

Ist die Sinnfrage für Sie entscheidend, wenn es um Ihr Glück geht? Welchen Sinn verleihen Sie Ihrem Leben?

Haben Sie das Gefühl, dass sich in Ihrem Leben eine gewisse Kohärenz und Konsistenz abzeichnet? Sind Sie sich in den für Sie wichtigen Belangen treu geblieben?

Während Sigmund Freud das Streben nach Lust und Befriedigung als wichtigste menschliche Triebfeder ansah, verstand der Psychiater und Neurologe Viktor Frankl, der die Todeslager der Nazis überlebte, die Suche nach Sinn als zentral und bezeichnete die Sinngebung sogar als wesentlichstes Element zur Bewältigung von Krisen.[155] In seinem Essay »Das Buch als Therapeutikum« beschreibt er unter anderem, wie im Konzentrationslager Theresienstadt ein Menschentransport zusammengestellt wurde, der am nächsten Tag nach Auschwitz fahren sollte. In der Nacht wurde dann in der Lagerbücherei eingebrochen und die Todgeweihten holten sich die Werke ihrer Lieblingsdichter und stopften sie in ihre Rucksäcke, »als Reiseproviant auf der Fahrt ins Unbekannte«.[156] Das beschreibt sehr eindrücklich, wie der Mensch sogar im Angesicht des Unbekannten auf der Suche nach Sinn ist und wie tröstlich es sein kann, Sinn zu finden.

Aber wie immer schließt das eine das andere nicht aus und Freud kann ebenso Recht haben wie Frankl: Der Mensch kann sowohl nach Lust als auch nach Sinn streben und beides kann zu unserem Glück beitragen. Allerdings fürchte ich, dass ein Mensch, der sein Leben als bedeutungs- oder sinnlos empfindet, es schwer haben wird, glücklich zu sein.

Wenn wir unser Leben als riesiges Puzzle begreifen, wird es immer einige Teile geben, die wir kennen, und andere, die wir noch nicht gefunden haben oder die noch nicht an ihrem Platz liegen. Vielleicht haben wir auch keine Idee, wie das Puzzle am Ende aussehen soll, oder das Gefühl, dass Teile dauerhaft fehlen werden. Oder wir haben ein zu starres Bild vor Augen, das uns einengt. Die entscheidende Frage ist aber doch, ob wir uns darauf einlassen können, dass sich das Puzzle in beständigem Wandel befindet und vielleicht nie fertig wird.

Haben Sie eine Vorstellung davon, wie das Puzzle Ihres Lebens aussieht? Welche Teile kennen Sie? Wo könnten Sie sich auf die Suche nach fehlenden Teilen machen?

Jeder, der schon einmal ein Puzzle mit vielen Teilen gelegt hat, weiß, dass man dafür vor allem Geduld braucht. Und wenn Sie schon einmal gepuzzelt haben, kennen Sie sicher auch die Enttäuschung, wenn das eine oder andere Teil am Ende fehlt oder man ein paar Puzzleteile hat, die nirgends hinpassen. Dann hat man das Gefühl der Vergeblichkeit und dass das Puzzle möglicherweise nichts wert ist. Aber ist das wirklich so? Und wie verhält es sich mit Ihrem Lebenspuzzle?

Dürfen beim Puzzle Ihres Lebens Leerstellen bleiben? Was machen Sie mit Teilen, die scheinbar nicht passen? Oder haben Sie vielleicht mehrere Lebenspuzzle, sodass Sie flexibel sind?

Der Philosoph Bruno Heller schreibt: »Begnügen wir uns damit, unserem Leben einen Sinn zu geben. Das können wir jederzeit, auf eigene Gefahr und Verantwortung. Wir brauchen dazu keine Rückversicherung von oben, kein Dogma vom höheren Sinn. Vielleicht liegt darin die Grundbedingung zum Glücklichsein, dass ich mir sage: Ich mache aus meinem Leben, was ich machen kann, und was dabei gelingt, ist mir Bestätigung meines selbstverordneten Lebenssinns. Nicht Sinn an sich, sondern Sinn für mich.«[157]

Beginnen Sie einen Text mit dem Halbsatz: »Ich mache aus meinem Leben, was ich machen kann, und das ist …«

Ich finde die Einladung von Bruno Heller, dem Leben eigenverantwortlich einen Sinn zu geben, wunderbar. Das

Problem ist nur, dass wir bei diesem Versuch auch scheitern können. Wir könnten Mühe haben, einen Sinn für uns zu entdecken, gerade in einer Zeit, in der wir viele Freiheiten und beinahe unbegrenzte Möglichkeiten haben. Oder wir könnten meinen, einen Sinn gefunden zu haben, dem wir einige Zeit folgen, um etwas später festzustellen, dass wir auf dem für uns falschen Weg waren. Auch wenn es einen »falschen« Weg genaugenommen gar nicht gibt, weil sich der Sinn und die Aufgaben im Laufe unseres Lebens verändern können und wir diejenigen sind, die unserem Leben Sinn zuschreiben.

Obwohl das Wagnis, sich auf die Suche nach dem Sinn des Lebens zu machen, Mut braucht und ein mögliches Scheitern birgt, behaupte ich, dass wir keine Alternative haben. Denn wie Frankl halte ich das Sinnempfinden für zentral für unser Lebensglück. Wobei ich noch einmal anmerken möchte, dass jeder Sinn, den Sie finden, perfekt ist und nur für Sie selbst perfekt sein muss. Der einzige Maßstab, der bei der Sinnfindung angelegt werden darf, ist Ihr eigener.

Reinhold Messner schreibt, dass das Besteigen des Mount Everest weder notwendig noch nützlich ist, für ihn aber sehr wohl Sinn ergebe und er nicht losgehen würde, wenn er das in diesem Augenblick nicht als das sinnvollste Tun empfinden würde. »Ich erfinde mir meinen Sinn selbst«, schreibt er und dass der Sinn eine rein menschliche und subjektive Erfindung ist und Sinn nicht einfach vom Himmel falle. »Mir wächst Sinn zu, indem ich mich für etwas – einen Menschen, ein Tun – begeistere, wenn ich mit Vehemenz ein Ziel verfolge.«[158]

In Anlehnung an Reinhold Messner: Wann und auf welche Weise wächst Ihnen Sinn zu? Wofür können Sie sich begeistern und welche Ihrer Ziele sind es wert, von Ihnen mit Vehemenz verfolgt zu werden?

Oft verbinden wir mit Sinn eine Art »höhere Aufgabe«. Doch gibt es so etwas überhaupt? Und wer sollte uns diese höhere Aufgabe stellen? Ist die Idee einer höheren Instanz nicht letztlich nur eine Ausweichbewegung, weil wir Angst haben, die volle Verantwortung für unser Leben zu übernehmen? Denn wenn wir ganz allein bestimmen, was unser Leben sinnvoll macht, besteht die Gefahr, im Nachhinein festzustellen, dass wir uns vielleicht geirrt haben, auch wenn das wieder nur eine Interpretation wäre.

Sie sehen, dass wir uns ein wenig im Kreis drehen, sofern wir die Dinge nicht selbst in die Hand nehmen und damit auch die volle Verantwortung für uns, unser Leben und Glück, so, wie Sie das mit dem Kauf dieses Buches getan haben.

Beim Nachdenken und Nachspüren darüber, was unser Leben sinnvoll machen könnte, gibt es ein paar Parameter, die uns möglicherweise eine Hilfestellung sein könnten. Zum einen können uns unsere Werte leiten und zum anderen unsere Wünsche. Unsere Werte können uns sagen, was wir moralisch, gesellschaftlich und zwischenmenschlich für sinnvoll erachten und was wir dazu beitragen möchten, dass die Welt ein lebenswerter und gerechter Ort ist. Das bedeutet, dass Sie sich in Bereichen engagieren könnten, die in Einklang mit Ihren Werten stehen. Sie könnten karitative Aufgaben übernehmen oder sich für den Umweltschutz engagieren und das als sinnvoll und erfüllend erleben. Bezogen auf Ihr Wünschen wird es dann vielleicht etwas schwieriger. Denn wer weiß schon so genau, was er will? Und wie anhaltend – oder sollte ich sagen: wechselhaft – ist unser Wünschen und Wollen? Ist es auf die Befriedigung von Bedürfnissen ausgerichtet, oder kommen dabei »höhere Ziele« ins Spiel? Inwieweit passen wir das Wollen unserem Umfeld an, um geliebt und anerkannt zu werden? Und dann: Ist das, was wir meinen zu wollen, identisch mit dem, was wir wirklich wollen?

Sie sehen, dass es mit dem Wollen nicht ganz leicht ist. Doch wie können Sie Ihrem Wünschen auf die Spur kommen und das Wollen in ein gesundes Verhältnis zum Sollen setzen? Klingt nach einer schwer zu bewältigenden Aufgabe, zumal in jeder und jedem von uns unterschiedliche Stimmen laut werden, die oft zur selben Zeit unterschiedliches wollen. Vielleicht ist dies einer der Gründe, warum so viele Menschen darauf verzichten, sich mit ihren Wünschen allzu genau auseinanderzusetzen oder die Sinnfrage allzu oft zu stellen. Doch ob eine Vermeidung dieser Fragen zum Lebensglück beiträgt, sei dahingestellt.

Da Sie dieses Buch lesen, gehe ich davon aus, dass Sie sich diese Fragen stellen und auf der Suche nach Antworten sind. Deswegen möchte ich an dieser Stelle noch einmal den Philosophen Günther Bien ins Spiel bringen: »Glück ist wie die Hobelspäne, die dann abfallen, wenn man etwas Richtiges tut. Der Fehler der Glücksbücher ist, dass sie versprechen, auf direktem Weg, durch Bereitstellung von Rezepten, Glück zu erzeugen. Man kann wohl manches Hinderliche vermeiden, aber das wirkliche Lebensglück ist nicht auf Rezept oder durch Tricks zu haben.«[159]

Wie sehen die Hobelspäne Ihres Lebens aus? Aus welchem Nebenprodukt besteht Ihr Glück?

Die niederländische Glücksforscherin Maike van den Boom hat auf ihrer Reise um die Welt in zahlreichen Interviews unter anderem herausgefunden, dass man glücklich wird, wenn man Sinn in seinem Tun erkennt und sich als Teil eines Ganzen begreift. Wobei die Art der Tätigkeit nicht ausschlaggebend ist. So berichtet sie beispielsweise von einem Papiersammler in Bogotá, der in einem Nobeleinkaufsviertel Papier sammelt und beseelt davon ist, etwas dazu beizutragen, dass der Müll recycelt wird. Dieses Gefühl, *etwas zu einem Ganzen beizutragen,* scheint dem Mann so wichtig zu sein, dass es ihn glücklich macht.[160]

In welchem Bereich haben Sie das Gefühl, etwas zu einem Ganzen beizutragen? Denken Sie dabei gern an den Mann aus Bogotá, weil das verdeutlicht, dass es auch kleine Dinge sein können, die uns dieses Gefühl vermitteln können.

... wer er selbst ist

»Hieraus ist klar, wie sehr unser Glück abhängt, von dem, was wir sind, von unserer Individualität.«[161]

(Arthur Schopenhauer, 1788–1860, deutscher Philosoph, Schriftsteller und Lehrer)

Bereits Schopenhauer wusste von dem Glück, man selbst zu sein. Für ihn lag das wahre Glück in dem, was wir sind, empfinden, begreifen und wollen. Das betonte er insbesondere im Gegensatz zum Haben und Schein, welche beide das Glück auflösen: »Was einer für sich selbst hat, was ihn in die Einsamkeit begleitet, und keiner ihm geben und nehmen kann: dies ist viel wesentlicher als alles, was er besitzt, oder was er in den Augen andrer ist«.[162]

Und Lenoir schreibt: »Was mich im Laufe der Jahre glücklich gemacht hat, war keineswegs mein sozialer oder materieller Aufstieg [...] sondern vielmehr die Arbeit an meinem Innenleben [...] Glaubenssätze, die mich unglücklich gemacht haben, umzuwandeln oder hinter mir zu lassen. Aber sie [die Arbeit am Innenleben] hat mir auch geholfen, mir das Recht auf Selbstverwirklichung zu nehmen.«[163]

Können Sie das Recht auf Selbstverwirklichung für sich in Anspruch nehmen? Oder besser gesagt, schaffen Sie das immer wieder und zunehmend besser, weil es sich ja nicht um einen einmal abgeschlossenen Prozess handelt?

In einer Gesellschaft, in der *Selbstoptimierung* zum buzzword geworden ist, kennen wir vermutlich alle von Zeit zu Zeit das Gefühl, unzulänglich zu sein. Und natürlich haben wir alle möglichen Unzulänglichkeiten. Gott sei Dank, möchte ich sagen, weil wir Menschen sind. Doch in manchen Momenten kann es hilfreich sein, sich an seinem Selbst zu erfreuen, statt sich die eigenen Fehler und Schwächen beständig vorzuwerfen. Denn so unzulänglich wir alle auch sein mögen und so oft wir an uns selbst zweifeln und herumkritisieren, haben wir doch alle auch liebenswerte Seiten, die wir leider allzu oft aus dem Blick verlieren.

Schreiben Sie über das Glück, Sie selbst zu sein. Die Überschrift lautet: »Vom Glück, ich selbst zu sein.« Denken Sie dabei bewusst an die Seiten von Ihnen, mit denen Sie einverstanden sind.

Die Frage nach dem Sein ist eng verbunden mit der Frage nach dem Sinn. Reinhold Messner, dem das Bergsteigen zum Austesten persönlicher Grenzen dient, schreibt: »Jeder muss seinen Weg für sich selber suchen. Schlüssel zu einem gelingenden und ausgeglichenen Leben sind Selbstbestimmtheit und Eigenverantwortung«.[164] Sie merken, dass wir immer wieder auf dieselben Themen kommen, die als Schlüssel zum Glück dienen können: Selbstbestimmung, Sinn, Eigenverantwortung, Offenheit, Neugier, Experimentierfreude, die Bereitschaft, ausgetretene Pfade zu verlassen und ungewohnte Perspektiven einzunehmen.

»Glücklich sein, heißt zunächst einmal, die Bedürfnisse und Neigungen unseres Seins zu erfüllen«, schreibt Lenoir,[165] und das bedeutet, dass wir zunächst eine Vorstellung davon bekommen müssen, welche Bedürfnisse wir haben. Sind Sie eher ein stiller Mensch, der die Einsamkeit sucht? Oder fühlen Sie sich vor allem in Gesellschaft wohl und wollen Menschen um sich herum haben? Benötigen Sie Ruhe, um zu sich selbst zu finden, oder ist es gerade das Umtriebige, das dazu beiträgt, dass Sie sich selbst spüren? Arbeiten Sie lieber mit dem Kopf oder mit den Händen? Wünschen Sie sich feste Bindungen oder entspricht es Ihnen eher, lockerere Beziehungen einzugehen?

Ein Bündel an Fragen, von denen sich einige vielleicht auch nur temporär beantworten lassen. Was aber ganz sicher ist: So unterschiedlich wir Menschen sind, so verschieden sind unsere Bedürfnisse. Deswegen sind wir in der Regel schlecht beraten, den Ratschlägen anderer zu folgen oder deren Wege zu gehen. Es geht vielmehr darum, dass Sie sich selbst jenseits kultureller und familiärer Vorstellungen immer besser kennenlernen, um glücklich zu werden. Denn schon Goethe wusste, dass das höchste Glück die eigene Persönlichkeit ist.[166]

Die eigene Empfindsamkeit zu entwickeln und den eigenen Charakter zum Ausdruck zu bringen, zählt mehr, als äußeren Dingen nachzujagen. Das Glück besteht darin, die eigene Persönlichkeit zu entwickeln, und nicht, anderen Menschen zu gefallen oder Dinge zu tun, die vermeintlich glücklich machen. Die Kunst besteht darin, herauszufinden, was uns wirklich zufrieden stimmt, nicht, was uns zufrieden machen sollte.

»Wir können den besten Wein der Welt trinken und daran doch kein Vergnügen finden, wenn wir auf Wein allergisch reagieren.«[167] Was hier klar und einfach klingt, ist oftmals schwierig, weil wir nicht im luftleeren Raum leben und uns das, was andere sagen und machen, selbstverständlich beeinflusst.

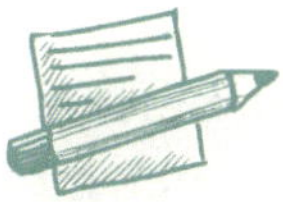

Stellen Sie sich vor, Sie wären eine Figur in einem Film oder Roman. Beschreiben Sie sich in der dritten Person und so, dass der Regisseur oder die Autorin davon überzeugt sind, dass Sie in dem Film oder Roman eine zentrale Rolle spielen und ein glücklicher Mensch sind.

… wer sich dafür entscheidet

»Die meisten Menschen sind so glücklich, wie sie es sich vorgenommen haben.«[168]

(Abraham Lincoln, 1809–1865, 16. Präsident der Vereinigten Staaten von Amerika)

Zum Abschluss des Buches wollen wir noch einmal die große Aufgabe angehen und uns ansehen, was Sie selbst zu Ihrem Glück beitragen können. Wie das mit den Genen ist, hatten wir schon geklärt, und auch, dass wir zu 50 bis 60 Prozent selbst für unser Glück verantwortlich sind. Bleibt die Frage, wie Sie sich fürs Glück entscheiden können und was das für Konsequenzen hat.

Lenoir sagt: »Die Erfahrung zeigt, dass wir dafür, ob wir glücklich sind oder nicht, eine gewisse Verantwortung tragen [...] Wir sind zum Glücklich- oder Unglücklichsein vielleicht *konditioniert,* aber nicht *determiniert.* Wir besitzen also die Anlage, durch Vernunft und Willen unsere Fähigkeit zum Glücklichsein zu steigern (was aber keine Garantie dafür ist, dass wir mit diesem Streben auch Erfolg haben werden)«.[169]

Sie erinnern sich daran, dass es in der amerikanischen Verfassung ebenfalls kein Recht auf Glück gibt, sondern nur das Recht auf ein Streben nach dem Glück. Frei nach dem Motto: Jeder kann es gern versuchen, der Erfolg ist allerdings nicht garantiert, sondern liegt in Ihrer eigenen Verantwortung.

Und das ist auch völlig logisch, weil niemand außer Ihnen entscheiden kann, ob Sie glücklich sind oder nicht. Sogar wir selbst sind für diese Einschätzung mitunter nicht immer geeignet. Sie erinnern sich? Was uns heute wie ein Unglück vorkommt, mag sich in ein paar Jahren als Glück herausstellen, weil uns ein Ereignis zwar aus der Bahn geworfen, dafür aber neue Wege eröffnet hat. Probieren Sie es also noch einmal ganz aktiv mit der Entscheidung für Ihr Glück.

Wann und in welcher Situation haben Sie sich zuletzt bewusst für das Glück entschieden? Wie haben Sie das gemacht und was ist daraus entstanden?

Günther Bien fügt der Idee, dass wir uns aktiv für das Glück entscheiden können, noch eine wichtige Ingredienz hinzu. Für ihn hängt das Glück eines jeden hauptsächlich davon ab, ob er in der Lage ist, sich selbst zu bejahen, mit sich in Einklang zu leben und damit zugleich mit dem Lauf der Welt einverstanden zu sein.[170] Auf dem Papier klingt das leicht: sich selbst bejahen und mit dem Lauf der Welt einverstanden sein. Ich wage jedoch zu behaupten, dass diese beiden Dinge die schwierigsten im Leben sind.

Wie gut gelingt es Ihnen, sich selbst zu bejahen und mit dem Lauf der Dinge einverstanden zu sein? Schreiben Sie über eine Situation, in der Sie das geschafft haben. Was zeichnet diese Situation aus und können Sie daraus etwas für Ihre Zukunft mitnehmen?

Leider ist es ja nicht so, dass man sich einmal für das Glück entscheidet und dann glücklich ist, sondern man muss erstens in der Lage sein, seine Lebensumstände so zu gestalten, dass man glücklich werden kann, und zweitens dafür sorgen, dass das Glück erhalten bleibt. Und dann darf man sich von hereinbrechendem Unglück nicht komplett aus der Bahn werfen lassen. Klingt nach Arbeit. Aber wie alle Verhaltens- und Denkmuster schleifen sich auch die ein, die zu unserem Glück beitragen, sodass aus neuronalen Pfaden Autobahnen werden.

Zum Schluss ein nicht ganz ernstgemeinter Vorschlag, der aber dennoch seinen Charme hat und einen Funken Ernst birgt. Der amerikanische Heilpraktiker Jackson empfiehlt zum Glücklichsein die »Schaukelstuhl-Methode«.[171] Er rät, man solle sich vorstellen, am Ende seines Lebens im Schaukelstuhl zu sitzen und sich folgende Fragen zu stellen: An was würde ich mich gern erinnern? Was hätte ich gern getan? Welcher Mensch wäre ich gern geworden?

Das Geheimnis dieser Methode besteht darin, sich diese Fragen zu stellen, so lange man noch in der Lage ist, etwas zu ändern, und auf diese Weise dazu beizutragen, dass die Fragen am Ende des Lebens im Schaukelstuhl zufriedenstellend beantwortet werden können.

Setzen Sie sich also gedanklich oder ganz real in einen Schaukelstuhl und stellen Sie sich genau diese Fragen: An was wollen Sie sich am Ende Ihres Lebens erinnern? Was hätten Sie gern getan? Welcher Mensch wären Sie gern gewesen? Notieren Sie in einem zweiten Schritt, was Sie Hier und Jetzt dafür tun können, um diese Fragen am Ende Ihres Lebens zu Ihrer Zufriedenheit beantworten zu können.

VIII

IHR PERSÖNLICHES GLÜCKSTAGEBUCH

Nachdem Sie jede Menge über das Glück und Glücklichsein gelesen und geschrieben haben, möchte ich Sie herzlich dazu einladen, sieben Wochen lang Ihr persönliches *Glückstagebuch* zu führen. Dabei orientieren wir uns an den Großkapiteln des Buches und intensivieren die Themen, die Ihnen dort begegnet sind, und kommen auf einzelne Übungen zurück, die Sie bereits gemacht haben. Damit setzen Sie fort, was Sie bereits begonnen haben, und erhalten zugleich einen guten Überblick. Das *Glückstagebuch* ermöglicht es Ihnen, sowohl an Bekanntes und Geschriebenes anzuknüpfen als auch Themen zu vertiefen und fortzuführen.

Zudem werden Sie feststellen, dass sich einiges durch die Beschäftigung mit dem Glück bereits verändert hat.

1. Woche Ihres Glückstagebuchs

1. Übung: Anknüpfend an Kapitel I dürfen Sie Ihre Notizen zu der Übung ergänzen, in der es darum ging, was Sie brauchen, um sich angekommen und zufrieden zu fühlen (Seite 31). Zur Erinnerung hier nochmals die Kurzform der Übung: Was brauchen Sie, um sich am richtigen Ort und zufrieden zu fühlen?

2. Übung: Auch in dieser Übung wollen wir eine Aufgabe aus Kapitel I aufgreifen und vertiefen (Seite 39). Welche Faktoren sind für Sie ausschlaggebend für Ihr Glück? Entweder schreiben Sie frisch drauflos und sehen, ob sich Veränderungen ergeben haben, oder Sie nehmen die von Ihnen bereits erstellte Liste und ergänzen diese.

3. Übung: Auf Seite 44 ging es um Ihre Selbstbefragung und die daraus resultierende Selbstfürsorge. Welche der dort notierten Dinge haben Sie umgesetzt und wie geht es Ihnen damit?

4. Übung: Auf Seite 47 f. haben Sie eine Tabelle mit zwei Spalten angelegt. In der einen haben Sie notiert, was Sie kurzfristig glücklich macht, und in der anderen, was auf lange Sicht zu Ihrem Glück beiträgt. Sehen Sie sich diese Tabelle bitte noch einmal an und fragen Sie sich, was davon Sie seit Beginn der Arbeit mit diesem Buch bereits umgesetzt oder in die Wege geleitet haben und wie es Ihnen damit geht.

2. Woche Ihres Glückstagebuchs

1. Übung: Erinnern Sie sich daran, dass Sie nach der Übung auf Seite 58 freundlich zu sich selbst sein und sich etwas Gutes tun wollten? Ist Ihnen das gelungen? Was konkret haben Sie getan?

2. Übung: Auf Seite 58 ging es um Ihre Balance zwischen Pflicht, Glück und Lust und darum, Ausgewogenheit zu schaffen. Hatten Sie die Chance, etwas zu tun, um das Glück und die Lust ebenso in Ihr Leben zu lassen wie die Pflicht? Wie haben Sie das geschafft und was wollen Sie weiter dafür tun?

3. Übung: Haben Sie das Experiment von Seite 63 durchgeführt und sind eine Woche lang mit einem Glückscent in der Tasche herumgelaufen und eine Woche ohne? Wenn ja, wie ist es Ihnen in beiden Wochen ergangen? Wenn nein, was hat Sie davon abgehalten und wollen Sie vielleicht doch noch einen Versuch wagen?

4. Übung: Welche Herzenswünsche haben Sie sich erfüllt, seit Sie mit diesem Buch arbeiten? Ist da noch Luft nach oben und was bedeutet das?

3. Woche Ihres Glückstagebuchs

1. Übung: Notieren Sie eine Woche lang jeden Abend, was Sie an diesem Tag glücklich gemacht hat.

1. Tag

2. Tag

3. Tag

4. Tag

5. Tag

6. Tag

7. Tag

2. Übung: Haben Sie entsprechend der Übung auf Seite 84 einen kreativen Umgang mit Ihren nicht erreichbaren Zielen und Wünschen gefunden? Wie sieht dieser Umgang aus? Oder ist der Versuch gescheitert und haben Sie eine Idee, warum? Wie könnten Sie einen neuen Versuch starten?

3. Übung: Auf Seite 88 ging es darum, zu lächeln, um auf diese Weise die Wahrscheinlichkeit zu erhöhen, selbst Freundlichkeit und Glück zu erfahren. In dem Zusammenhang möchte ich Sie zu einem Experiment einladen. Versuchen Sie in den nächsten drei Tagen mit einem offenherzigen Lächeln auf andere zuzugehen. Machen Sie dies auch oder gerade, wenn Sie sich schlecht fühlen oder gestresst sind. Beobachten und notieren Sie, was passiert.

1. Tag

2. Tag

3. Tag

4. Übung: In der Übung auf Seite 91 ging es darum, wie es wäre, ein paar Notwendigkeiten beiseitezuschieben, um zwischendurch einen Blick auf das Glück zu erhaschen. Wie ist Ihnen das gelungen?

4. Woche Ihres Glückstagebuchs

1. Übung: In der Übung auf Seite 97 haben Sie notiert, was Sie in letzter Zeit glücklich gemacht hat. Auf welche Weise hat Ihre Antwort Sie in den darauffolgenden Tagen beeinflusst?

2. Übung: Auf Seite 114 haben Sie Ihr Glücksempfinden auf einer Skala von 0 bis 100 eingeordnet. Wo liegt der Wert heute? Hat er sich verändert? Was denken Sie, woran das liegt?

3. Übung: Welche Gedanken wollen Sie in den nächsten Tagen und Wochen denken und welche Handlungen tun, um in Ihrem Gehirn »Glücksautobahnen« anzulegen? Notieren Sie alles, was Ihnen in den Sinn kommt, und werden Sie dabei so konkret wie möglich.

4. Übung: Im Kapitel IV war die Rede davon, dass man Glück lernen kann. Was haben Sie in den Tagen und Wochen seit der Beschäftigung mit diesem Buch dazugelernt?

5. Woche Ihres Glückstagebuchs

1. Übung: Auf Seite 121 haben Sie sich Gedanken gemacht, inwieweit Selbstverwirklichung zu Ihrem Glück beitragen kann und welche Schritte Sie in die Richtung unternehmen wollen. Berichten Sie jetzt, wie es Ihnen ergangen ist und ob die Einschätzung, dass Selbstverwirklichung zum Glück beiträgt, Ihrer Meinung nach stimmt.

2. Übung: Auf Seite 123 haben Sie über Ihre größeren Ziele nachgedacht und diese aufgeschrieben. Welche Ziele haben Sie in den letzten Tagen und Wochen in Angriff genommen und hat das zu Ihrem Glück beigetragen?

3. Übung: Nehmen Sie sich an den nächsten fünf Tagen jeweils fünf Minuten Zeit, mit einem Ihrer Sinne bewusst Ihre Umgebung wahrzunehmen. Einen Tag konzentrieren Sie sich darauf, die Sonne oder den Wind auf der Haut zu spüren, am nächsten Tag schließen Sie Ihre Augen und überlassen sich den Geräuschen um Sie herum. Dann nehmen Sie bewusst alle Gerüche wahr und am vierten Tag beobachten Sie alles, was es zu sehen gibt. Am fünften essen Sie bewusst ein Stück Schokolade oder beißen in eine Zitrone. Notieren Sie, welchen Einfluss die Übung sowohl auf Ihre Wahrnehmung als auch Ihre Stimmung hat.

1. Tag

2. Tag

3. Tag

4. Tag

5. Tag

4. Übung: In Kapitel V war die Rede vom Sinnenglück und wie es sich herstellen lässt. Auf Seite 128 f. hatten Sie dazu einige Texte verfasst, um das Sinnenglück in Ihr Leben einzuladen. Wie und auf welche Weise ist Ihnen das gelungen?

5. Übung: Ich möchte Sie einladen, eine Woche lang auf ein Alltagsritual zu verzichten. Notieren Sie jeden Tag kurz, wie es Ihnen damit geht. Am ersten Tag, an dem Sie das Ritual wiederaufnehmen, schreiben Sie einen Text, ob Sie das Ritual vermisst haben und Sie glücklich sind, es nun wiederaufnehmen zu können, oder …

1. Tag

2. Tag

3. Tag

4. Tag

5. Tag

6. Tag

7. Tag

Was die Wiederaufnahme in mir ausgelöst hat:

6. Übung: Welche neuen Aktivitäten und Tätigkeiten, die zu Ihrem Glück beitragen, wollen Sie in den nächsten Wochen und Monaten angehen? Begleiten Sie sich dabei gern schriftlich.

7. Übung: Berichten Sie sowohl von kleinen, alltäglichen als auch von großen Veränderungen in Ihrem Leben und welchen Einfluss diese auf Ihr Glück und Wohlbefinden haben. Wie wollen Sie in Zukunft mit Veränderungen umgehen?

6. Woche Ihres Glückstagebuchs

1. Übung: Auf Seite 143 ging es um die Balance zwischen Tätigsein und Nichtstun und Sie wollten sich überlegen, was Sie tun könnten, um mehr Ausgewogenheit in diese Bereiche zu bringen. Was hat sich daraus ergeben?

2. Übung: Haben Sie es geschafft, sich Zeitfenster für Ihr Flow-Erleben einzuplanen und zu nutzen (Seite 145 f.)? Wenn ja, was haben Sie gemacht? Wenn nein, wollen Sie es jetzt vielleicht damit versuchen?

3. Übung: Wann waren Sie zuletzt bewusst im gegenwärtigen Augenblick? Beschreiben Sie die Situation so konkret wie möglich. Wie ist es Ihnen gelungen, präsent zu sein und zu bleiben? Die Erkenntnis dieser Übung nehmen Sie bitte mit in die nächsten Tage und nehmen sich vor, diesen Zustand eine Woche lang jeden Tag für fünf Minuten bewusst herbeizuführen.

4. Übung: Verordnen Sie sich für die nächsten drei Tage täglich einen Augenblick persönlichen Glücks und notieren Sie, wie und auf welche Weise Ihnen das gelingt.

1. Tag

2. Tag

3. Tag

5. Übung: Was ist aus der Liste der Momente geworden, von denen Sie auf Seite 151 gedacht haben, dass diese Sie glücklich machen? Haben Sie Ihre Ideen ausprobiert und hat das zu Glücksmomenten geführt?

6. Übung: Was ist aus den Spielen von Seite 156 geworden? Haben Sie welche ausprobiert und hat Sie das glücklich gemacht?

7. Woche Ihres Glückstagebuchs

1. Übung: Welche Glücksmomente konnten Sie mit Freunden herstellen, so wie Sie sich das auf Seite 161 vorgenommen haben?

2. Übung: Haben Sie Kohärenz in Ihrem Leben finden können und hat das Einfluss auf Ihr Glücksempfinden?

3. Übung: Wie verhält es sich mit dem Puzzle Ihres Lebens, bei dem Sie auf Seite 166 mit dem Zusammensetzen begonnen haben?

4. Übung: Hat es funktioniert, sich aktiv für das Glück zu entscheiden?

Test: The Satisfaction with Life Scale[172]

Damit Sie Ihre eigene Entwicklung genauer einschätzen und verfolgen können, stelle ich Ihnen einen Test bereit, den Sie vor der Lektüre dieses Buchs und nach ihr beziehungsweise im Anschluss an die Arbeit mit dem siebenwöchigen Glückstagebuch machen können. Der Test, *The Satisfaction with Life Scale,* der 1985 von Ed Diener entworfen wurde, ist der international bekannteste und weltweit am häufigsten verwendete Fragebogen zur Lebenszufriedenheit.

The Satisfaction with Life Scale[173]

Es geht in dem Test darum, wie Sie sich aktuell fühlen. Es folgen fünf Aussagen, mit denen Sie übereinstimmen können oder nicht. Es gibt keine richtigen oder falschen Antworten. Bitte seien Sie bei Ihren Antworten so ehrlich wie möglich. Kreuzen Sie die für Sie zutreffenden Punkte auf der Skala von 1 bis 7 Punkten an.

	1 = trifft überhaupt nicht zu	2 = trifft nicht zu	3 = trifft eher nicht zu	4 = teils/teils	5 = trifft eher zu	6 = trifft zu	7 = trifft vollständig zu
Mein Leben entspricht in den meisten Lebensbereichen meinen Idealvorstellungen							
Meine Lebensbedingungen sind ausgezeichnet							
Ich bin zufrieden mit meinem Leben							
Bis jetzt habe ich die wichtigsten Dinge in meinem Leben erreicht							
Wenn ich mein Leben noch einmal leben könnte, würde ich kaum etwas ändern							

Auswertung:

Addieren Sie die Punkte, die Sie angekreuzt haben. Da die Punktzahl für jede Frage zwischen 1 und 7 Punkten liegt, kann Ihre Gesamtsumme theoretisch zwischen 5 und 35 Punkten liegen.

Notieren Sie hier Ihre Gesamtsumme vor der Lektüre beziehungsweise vor der Arbeit mit dem Glückstagebuch.

1. Ergebnis:

1. Datum (an dem Sie den Test gemacht haben):

Notieren Sie hier Ihre Gesamtsumme nach der Lektüre des Buchs beziehungsweise nach der Arbeit mit dem Glückstagebuch.

2. Ergebnis:

2. Datum (an dem Sie den Test gemacht haben):

Je größer die Gesamtsumme, desto zufriedener sind Sie mit Ihrem Leben. Ihre Gesamtsumme können Sie wie folgt interpretieren:[174]
30 bis 35 Punkte = überaus zufrieden
25 bis 29 Punkte = überdurchschnittlich zufrieden
20 bis 24 Punkte = durchschnittlich zufrieden
15 bis 19 Punkte = leicht unterdurchschnittlich zufrieden
10 bis 14 Punkte = unzufrieden
5 bis 9 Punkte = extrem unzufrieden

Damit Sie eine Einschätzung bekommen, finden Sie anbei die Gesamtsummen der Lebenszufriedenheit von 14 ausgewählten Gruppen:[175]

Beschreibung der Studie	Zufriedenheit (5 bis 35 Punkte)
Studien mit Studenten	
22 glücklichsten Studenten von 222 College-Studenten (Diener, 2002b)	29,4
176 amerikanische College-Studenten	23,5
99 chinesische Studenten	16,1
32 körperbehinderte Studenten	20,8
29 körperbehinderte Studenten	24,3
413 koreanische Universitätsstudenten	19,8
Studien mit Erwachsenen	
255 Krankenschwestern und Angestellte im Gesundheitswesen	23,6
68 amerikanische Nonnen	23,7
127 amerikanische Doktoranden	24,3
75 vor kurzem inhaftierte, männliche Gefängnisinsassen	12,3
70 körperlich oder sexuell missbrauchte Frauen in Behandlung	20,7
27 Hilfesuchende vor Beginn einer Psychotherapie	14,4
16 Fortgeschrittene, ein bis zwei Monate nach Beginn der Psychotherapie	18,3
79 ältere Familienangehörige, die ihren an Alzheimer erkrankten Ehegatten pflegten	21,2

Nachwort

Herzlichen Dank, dass Sie sich gemeinsam mit mir auf die Reise und die Suche nach dem Glück begeben haben. Ich hoffe, Sie haben das Glück an der ein oder anderen Stelle gefunden und konnten für sich ein paar Weichen stellen, um ein glückliches Leben zu führen.

Auch wenn Sie wahrscheinlich nicht auf alle Fragen eine Antwort gefunden haben, bin ich mir sicher, dass die Auseinandersetzung Ihnen zu mehr Bewusstheit verholfen hat und Sie voller Neugier weitersuchen lässt.

Ich wünsche Ihnen ein offenes Herz, einen weiten Blick und viel kreative Energie, um Ihr Leben so zu gestalten, dass Sie glückliche Augenblicke erleben und sich einem selbstbestimmten Leben annähern.

Natürlich würde ich mich freuen, wenn Sie das Schreiben als hilfreichen und verlässlichen Begleiter erlebt hätten und es in Ihr Leben integrieren könnten. Aber vielleicht haben Sie auch schon immer geschrieben und können sich ein Leben ohne Schreiben ohnehin nicht vorstellen.

Egal welchen Weg Sie wählen, wünsche ich Ihnen, dass Sie Tätigkeiten und Aktivitäten finden, die Sie in den Flow bringen und Zeit und Raum vergessen lassen.

Ich wünsche Ihnen weiterhin gutes Suchen und Finden und Beständigkeit und Wandel in genau der Intensität und Ausgewogenheit, die Sie zu einem glücklichen Menschen macht.

Ich wünsche Ihnen alles Gute und viel Glück.

Ihre

Anmerkungen

1 Goethe, 1795/96, 1. Buch, 17. Kapitel.
2 Frässle und Kollegen, 2014.
3 Von Hirschhausen, 2011.
4 Lionni, 2004.
5 Voltaire, 1761.
6 Zitiert nach Honnefelder, 1986, S. 13.
7 Vgl. Wikipedia-Artikel »Duncan MacDougall«. https://de.wikipedia.org/wiki/Duncan_MacDougall (abgerufen am 08.06.2024).
8 Ayan, 2018, S. 8.
9 Heller, 2012, S. 43.
10 Lenoir, 2015, S. 9.
11 https://www.stern.de/gesundheit/gluecksforschung-wie-wir-unser-lebensglueck-selbst-sabotieren-33180228.html (abgerufen am 21.4.2024).
12 Kanitscheider, 2011.
13 Augustinus, 1982.
14 https://www.zitate.eu/autor/maurice-barres-zitate/27772 (abgerufen am 11.06.2024).
15 https://www.duden.de/rechtschreibung/Glueck (abgerufen am 20.4.2024).
16 https://www.spektrum.de/lexikon/psychologie/glueck/5998 (abgerufen am 20.4.2024).
17 Bormans und Blind, 2017.
18 Ammicht Quinn, 2011, S. 76.
19 Zitiert nach Meier, 2005, S. 40.
20 Schmid, 2007.
21 Schmid, 2007, S. 22.
22 Schmid, 2007, S. 31.
23 Kumpf, 2015.
24 Schulze, 2008.
25 Freud, 1930.

26 Schneider, 2007, S. 43 f.
27 https://www.zitate.de/autor/rousseau,+jean-jacques.
28 Ruckriegel, 2010.
29 ARD Alpha, 2024.
30 Bormans und Blind, 2017.
31 Seligman, 2005.
32 https://www.stern.de/gesundheit/psychologie/glueck--langzeitstudie-erklaert--was-uns-wirklich-gluecklich-macht-33148798.html (abgerufen am 21.4.2024).
33 Tversky und Griffin, 1991.
34 Kahneman und Deaton, 2010.
35 Killingsworth und Kollegen, 2023.
36 Esch, 2022.
37 Aristoteles, 1843.
38 Zitiert nach Fröhlich, 2018.
39 Horn, 1998.
40 Zitiert nach Jürgasch, 2018.
41 Reinhard, 2018.
42 Heller, 2012, S. 20.
43 https://www.herder.de/pb/hefte/archiv/2021/3-2021/bekannte-texte-predigen-gelassenheitsgebet-von-reinhold-niebuhr/ (abgerufen am 1.5.2024).
44 Seneca, 1993.
45 Bentham, 1789/2017.
46 Mill, 1879.
47 Original: »It is better to be a human being dissatisfied than a pig satisfied; better to be Socrates dissatisfied than a fool satisfied.«; https://www.gutenberg.org/cache/epub/11224/pg11224-images.html (abgerufen am 26.4.2024).
48 Safranski, 2011.
49 Kant, 1788/2003, S. 175.
50 Thomä, 2003.
51 Nietzsche, 1999, Bd. 3, S. 383.

52 https://www.readersdigest.de/blogs/spruch-des-tages/im-prinzip-bin-ich-ja-wirklich-nicht-aberglaubisch (abgerufen am 21.4.2024).
53 Von Hirschhausen, 2011, S. 40.
54 Wiseman, 2003.
55 https://de.wikipedia.org/wiki/Gl%C3%BCcksbringer#Gl%C3%BCckspfennig (abgerufen am 20.4.2024).
56 Jung, 2013.
57 https://www.wz.de/sport/fussball/kobra-wegmann-zuerst-kein-glueck-gehabt-dann-kam-pech-hinzu_aid-29611347 (abgerufen am 21.4.2024).
58 Übersetzt von Larre und Kollegen, 1993, S. 208 f.
59 Arnoldus, 1973.
60 Sanders, 2018.
61 Frank, 2014.
62 Kushner, 2007.
63 Marquard, 1995.
64 Schreiber, 2023.
65 Marquard, 1995, S. 39.
66 Marquard, 1995, S. 10.
67 https://www.youtube.com/watch?v=nyXLV6duokE (abgerufen am 1.5.2024).
68 https://www.aphorismen.de/zitat/198951 (abgerufen am 26.4.2024).
69 Brecht, 1928.
70 Kim und Maglio, 2018.
71 Frankl, 1975.
72 Csíkszentmihályi, 1995.
73 Bruckner, 2011, S. 101.
74 Newman, 2014.
75 Lenoir, 2015, S. 115.
76 Ebner-Eschenbach, 1893.
77 Van den Boom, 2016.
78 Dahl, 2011, S. 90 f.

79 ARD Alpha, 2024.
80 https://www.zitate7.de/autor/Marc+Aurel/ (abgerufen am 21.4.2024).
81 Bien, 2011, S. 211.
82 Giono, 1988.
83 https://web.archive.org/web/20090425145008/http://www.froebel-gruppe.de/574.0.html (abgerufen am 21.4.2024).
84 Spitzer, 2011.
85 Helliwell und Kollegen, 2024; https://worldhappiness.report/ed/2024/happiness-of-the-younger-the-older-and-those-in-between/#ranking-of-happiness-2021-2023 (abgerufen am 20.4.2024).
86 https://www.sueddeutsche.de/panorama/weltgluecksbericht-finnland-deutschland-1.6470848 (abgerufen am 20.4.2024).
87 https://www.srf.ch/kultur/gesellschaft-religion/antworten-der-gluecksforschung-was-macht-die-schweiz-gluecklich (abgerufen am 20.4.2024).
88 https://worldpopulationreview.com/country-rankings/happy-planet-index-by-country (abgerufen am 20.4.2024).
89 https://ministeriumfuerglueck.de (abgerufen am 29.4.2024).
90 https://ministeriumfuerglueck.de/shop/schreibdichglücklich/(abgerufen am 29.4.2024).
91 https://www.authentichappiness.sas.upenn.edu/learn/wwbp (abgerufen am 1.5.2024).
92 Zitiert nach Lenoir, 2015, S. 63.
93 https://www.deutschlandfunkkultur.de/glueck-statt-wirtschaftskraft-100.html (abgerufen am 29.4.2024).
94 https://www.weltderwunder.de/wohlbefinden-statt-wohlstand-bhutan-und-die-vermessung-des-glucks/ (abgerufen am 20.4.2024).
95 Zitiert nach Malraux, 1971, S. 58.
96 https://www.fritz-schubert-institut.de/schulfachglueck (abgerufen am 29.4.2024).

97 https://www.deutschland.de/de/topic/wissen/glueck-als-schulfach-in-deutschland (abgerufen am 29.4.2024).

98 https://heinrich-seliger-schule.de/unsere-schule/faecher-projekte/glueck-als-schulfach/ (abgerufen am 29.4.2024).

99 http://www.spiegel.de/lebenundlernen/schule/indien-dalai-lama-stellt-neues-unterrichtsfach-glueck-an-indischen-schulen-vor-a-1216236.html (abgerufen am 20.4.2024).

100 Dalai Lama und Cutler, 2002, S. 81.

101 Ruckriegel, 2010.

102 Schiepe-Tiska und Bertrams, 2015.

103 https://www.tu-braunschweig.de/gluecksempfinden, aktualisiert am 16. Juli 2018 (abgerufen am 20.04.2024).

104 Hobbs und Kollegen, 2024.

105 Spitzer, 2011.

106 Spitzer, 2011.

107 Schmid, 2007, S. 60.

108 https://www.sueddeutsche.de/service/gesellschaft-dem-glueck-auf-der-spur-dpa.urn-newsml-dpa-com-20090101-160316-99-236829 (abgerufen am 29.07.2024).

109 Dahl, 2011.

110 Dostojekwksi, 1873/2012, S. 184.

111 Zitiert nach Jürgasch, 2018.

112 Vgl. Wolf, 2002.

113 Maslow, 1954.

114 https://www.zitate.eu/autor/david-hume-zitate/177969 (abgerufen am 12.06.2024).

115 Gödtel, 2002, S. 75.

116 https://www.augsburger-allgemeine.de/wissenschaft/Warum-uns-Musik-gluecklich-macht-id41355986.html (abgerufen am 20.4.2024).

117 de Chateaubriand, 1844.

118 De La Rochefoucauld,1980.

119 Bien, 2011, S. 214.

120 Teschechow, 1983.

121 Stern, 2016.

122 Gemmel und Löschner, 2014.
123 Whillans und Kollegen, 2017; Whillans, 2023.
124 https://zitatezumnachdenken.com/buddha/478 (abgerufen am 21.4.2024).
125 Bien, 2011.
126 Lenoir, 2015, S. 39.
127 Csíkszentmihályi, 1995.
128 Killingsworth und Gilbert, 2010.
129 Winnicott, 1974.
130 Franklin, 2008, S. 97.
131 Kabat-Zinn, 1994/2007.
132 Bruhns, 2018.
133 Erasmus von Rotterdam, 2014.
134 https://grammis.ids-mannheim.de/terminologie/802 (abgerufen am 29.4.2024).
135 https://www.zgedichte.de/gedichte/clemens-brentano/wiegenlied.html (abgerufen am 20.4.2024).
136 Böll, 1966.
137 https://www.songtexte.com/songtext/pur/abenteuerland-3da0de3.html (abgerufen am 20.4.2024).
138 Borges, 1982.
139 https://lyrics.lyricfind.com/lyrics/die-partykids-die-affen-rasen-durch-den-wald-wer-hat-die-die-kokosnuss-geklaut (abgerufen am 20.4.2024).
140 https://lyrics.lyricfind.com/lyrics/die-flohtone-hey-pippi-langstrumpf (abgerufen am 20.4.2024).
141 Zitiert nach Korduan, 2001, S. 56.
142 https://www.stern.de/gesundheit/psychologie/glueck--langzeitstudie-erklaert--was-uns-wirklich-gluecklich-macht-33148798.html (abgerufen am 21.4.2024).
143 Von Hirschhausen, 2011, S. 43.
144 Christakis, 2008.
145 Braun, 2023.
146 Vgl. Wolf, 2002.

147 Bien, 2011, S. 214.
148 Lenoir, 2015, S. 97.
149 Diener und Seligman, 2002.
150 Spitzer, 2011.
151 Schmid, 2007, S. 45.
152 Vgl. Fröhlich, 2018.
153 Vgl. Reinhard, 2018.
154 Lenoir, 2015, S. 16.
155 Frankl, 1973.
156 Frankl, 1988, S. 44.
157 Heller, 2012, S. 182.
158 Messner, 2011, S. 172 f.
159 Bien, 2011, S. 212.
160 Van den Boom, 2016.
161 https://www.arthur-schopenhauer-studienkreis.de/Lebensglueck/lebensglueck.html (abgerufen am 29.07.2024).
162 Schopenhauer, 2021, S. 99.
163 Lenoir, 2015, S. 59 f.
164 Messner, 2011, S. 169.
165 Lenoir, 2015, S. 55.
166 Goethe, 1819/2012, S. 74.
167 Lenoir, 2015, S. 56.
168 https://www.gluecksarchiv.de/inhalt/zitate.htm (abgerufen am 21.4.2024).
169 Lenoir, 2015, S. 11.
170 Bien, 2011, S. 210.
171 Jackson, 2008.
172 https://zis.gesis.org/skala/Janke-Glöckner-Rist-Deutsche-Version-der-Satisfaction-with-Life-Scale-(SWLS) (abgerufen am 11.06.2024).
173 Sowohl der Originalfragebogen als auch die deutsche Version stehen unter https://www.gluecksforschung.de/Zufriedenheit.htm kostenfrei zur Verfügung.
174 Ed Diener, 2006.
175 https://www.gluecksforschung.de/Zufriedenheit.htm

Literatur

Ammicht Quinn, Regina (2011). Glück als Ernst des Lebens. In: Reusch, Siegfried (Hrsg.) 18 Antworten auf die Frage nach dem Glück. Ein philosophischer Streifzug. Stuttgart: Hirzel, S. 71–85.

ARD Alpha (2024). Glück und Glücklichsein. Was wirklich glücklich und zufrieden macht. https://www.ardalpha.de/wissen/psychologie/glueck-gluecksforschung-weltglueckstag-gluecklich-tag-des-gluecks-100.html, Stand 10.4.2024 (abgerufen am 20.4.2024).

Aristoteles (1843). Politik. 1308b (V, 8.). Übersetzt von August Ferdinand Lindau. https://www.aphorismen.de/zitat/12090 (abgerufen am 17.06.2024).

Arnoldus, Henri (1973). Pitje Puck hat Glück im Unglück. Hannover: Weichert.

Augustinus (1982). De beata vita. Über das Glück. Lateinisch/Deutsch. Stuttgart: Reclam.

Ayan, Steve (2018). Was von der Seele übrigbleibt. Gehirn & Geist Dossier. Die großen Fragen, 1/2018, S. 6–11.

Bentham, Jeremy (1789/2017). Introduction to the principles of morals and legislation. Publishersglobal: Pantianos Classics.

Bien, Günther (2011). »Glück ist nicht das Ziel, sondern der Lohn …«. Interview. In: Reusch, Siegfried (Hrsg.), 18 Antworten auf die Frage nach dem Glück. Ein philosophischer Streifzug. Stuttgart: Hirzel, S. 207–223.

Böll, Heinrich (1966). Ansichten eines Clowns. Köln: Kiepenheuer & Witsch.

Boom, Maike van den (2016). Wo geht's denn hier zum Glück? Meine Reise durch die 13 glücklichsten Länder der Welt und was wir von ihnen lernen können. Frankfurt a. M.: Fischer.

Borges, Jorge Luis (1982). Gedichte 1923–1965. Gesammelte Werke, Band 1. München: Hanser.

Bormans, Leo; Blind, Sofia (2017). Glück. The New World Book of Happiness: Mit den neuesten Erkenntnissen aus der Glücksforschung. Köln: DuMont.

Braun, Annegret (2023). Glück? Frag doch einfach! Klare Antworten aus erster Hand. Stuttgart: utb.

Brecht, Bertolt (1928). Das Lied von der Unzulänglichkeit. https://www.deutschelyrik.de/das-lied-von-der-unzulaenglichkeit.html (abgerufen am 21.4.2024).

Bruckner, Pascal (2011). Verdammt zum Glück. In: Reusch, Siegfried (Hrsg.), 18 Antworten auf die Frage nach dem Glück. Ein philosophischer Streifzug. Stuttgart: Hirzel, S. 97–102.

Bruhns, Annette (2018). Ich fühle, also bin ich. Der Spiegel. Wissen, 3/2018, S. 18–25.

Buck, Pearl Sydensticker. Zitiert nach: Meier, Rolf (2005). 30 Minuten für mehr Glück und Zufriedenheit. Offenbach a. M.: Gabal.

de Chateaubriand, François René Vicomte (1844). Geist des Christentums – Schönheiten der christlichen Religion. Ulm: Heerbrandt und Thämel.

Christakis, Nicholas (2008). Dynamic spread of happiness in a large social network: Longitudinal analysis over 20 years in the Framingham Heart Study. British Medical Journal, 337.

Csíkszentmihályi, Mihály (1995). Flow. Das Geheimnis des Glücks. 4. Auflage. Stuttgart: Klett-Cotta.

Dahl, Edgar (2011). Geld ist besser als sein Ruf. In: Reusch, Siegfried (Hrsg.), 18 Antworten auf die Frage nach dem Glück. Ein philosophischer Streifzug. Stuttgart: Hirzel, S. 87–95.

Dalai Lama; Howard C. Cutler. Die Schulung des Geistes für das Glück. Zitiert nach: Löhndorf, Andrea (Hrsg.) (2002). Glück. Ein Lesebuch zur Lebenskunst. München: dtv.

Diener, E.; Seligman, Martin E. P. (2002). Very happy people. Psychological Science, 13, S. 81–84.

Dostojekwksi, Fjodor M. (1873/2012). Die Dämonen. Köln: Anaconda.

Ebner-Eschenbach, Marie von (1893). Gesammelte Schriften, erster Band: Aphorismen, Parabeln, Märchen und Gedichte. Berlin: Gebrüder Paetel.

Einstein, Albert. Zitiert nach: Malraux, André (1971). Les chênes qu'on abat ... Paris: Editions Gallimard (»Je me souviens de nouveau d'Einstein, le violon sous le bras : ›Le mot progrès n'aura aucun sens, si longtemps qu'il y aura des enfants malheureux‹«).

Epiktet (1992). Handbüchlein der Moral. Stuttgart: Reclam.

Epikur (1986). Brief an Menoikeus. In: Epikur, Briefe, Sprüche, Werkfragmente. Übersetzt und herausgegeben von Hans-Wolfgang Krautz. Stuttgart: Reclam.

Erasmus von Rotterdam (2014). Das Lob der Torheit. Wiesbaden: Marix.

Esch, Tobias (2022). The EBC Model of Happiness – Neurobiological aspects of motivation and positive mood, and their dynamic changes trough practice, the course of life. Biology, 11(843).

Fontane, Theodor. Zitiert nach: Honnefelder, Gottfried (Hrsg.) (1986). Vom Glück. Erkundungen. Frankfurt a. M.: Insel.

Frank, Stefan (2014). Dr. Stefan Frank – Folge 2271: Glück im Unglück. Köln: Bastei Entertainment.

Frankl, Viktor E. (1973). Der Mensch auf der Suche nach dem Sinn. Freiburg: Herder.

Frankl, Viktor E. (1975). Paradoxien des Glücks. In: Was ist Glück? Ein Symposion. (Hervorgegangen aus einer Vortragsreihe, Carl-Friedrich-von-Siemens-Stiftung.) München: dtv.

Frankl, Viktor E. (1988). Das Buch als Therapeutikum. In: Raab, Peter (Hrsg.), Heilkraft des Lesens. Erfahrungen mit der Bibliotherapie. Freiburg: Herder, S. 41–55.

Franklin, Benjamin (2008). Die schönsten Lebensweisheiten, Remingen: garant.

Frässle, Stefan; Sommer, Jens; Jansen, Andreas; Naber, Marnix; Einhäuser, Wolfgang (2014). Binocular rivalry: Frontal activity relates to introspection and action but not to perception. Journal of Neuroscience, 29, 34 (5), S. 1738–1747.

Freud, Sigmund (1930). Das Unbehagen in der Kultur. Wien: Internationaler Psychoanalytischer Verlag.

Fröhlich, Bettina (2018). Philosophiegeschichte. Sorge um das Selbst. Spektrum der Wissenschaft. Spezial: Archäologie, Geschichte, Kultur, 2, S. 20–25.

Gemmel, Mirko; Löschner, Claudia (Hrsg.) (2014). Ökonomie des Glücks. Muße, Müßiggang und Faulheit in der Literatur. Berlin: Ripperger & Kremers.

General Social Survey (GSS), NORC at the University of Chicago. http://gss.norc.org (abgerufen am 20.4.2024).

Gide, André. Zitiert nach: Korduan, Anton (2001). Gedankenspaziergang. Freizeit für die Seele. Norderstedt: BoD.

Giono, Jean (1988). La chasse au bonheur. Paris: Gallimard.

Gödtel, Reiner (2002). Wege zum Glück. Lebenskunst in einer veränderten Welt. München: Universitas.

Goethe, Johann Wolfgang von (1795/1796). Wilhelm Meisters Lehrjahre. Berlin: Johann Friedrich Unger.

Goethe, von Johann Wolfgang (1819/2012). West-östlicher Divan. Buch der Suleika. Berlin: Aufbau.

Heller, Bruno (2012). Glück. Ein philosophischer Streifzug. Freiburg: wbg Academic in Herder.

Helliwell, J. F., Layard, R., Sachs, J. D., De Neve, J.-E., Aknin, L. B., Wang, S. (Hrsg.) (2024). World Happiness Report 2024. University of Oxford: Wellbeing Research Centre. https://worldhappiness.report/data/ (abgerufen am 20.4.2024).

Hirschhausen, Eckart von (2011). Glück kommt selten allein … Reinbek: Rowohlt-Taschenbuch-Verlag.

Hobbs, Catherine; Jelbert, Sarah; Santos, Laurie; Hood, Bruce (2024). Long-term analysis of a psychoeducational course on university students' mental well-being. Higher Education. https://link.springer.com/content/pdf/10.1007/s10734-024-01202-4.pdf (abgerufen am 21.4.2024).

Horn, Christoph (1998). Antike Lebenskunst. Glück und Moral von Sokrates bis zu den Neuplatonikern. München: Beck.

Jackson, Adam (2008). Die zehn Geheimnisse des Glücks. Hamburg: Nikol.

Jung, Irene (2013). Deutsches Wunderland Aberglaube. https://www.abendblatt.de/meinung/article121581897/Deutsches-Wunderland-Aberglaube.html, veröffentlicht am 6. November 2013 (abgerufen am 20.04.2024).

Jürgasch, Thomas (2018). Ethik. Der Weg zum Glück. Spektrum der Wissenschaft. Spezial: Archäologie, Geschichte, Kultur, 2, S. 26–28.

Kabat-Zinn, Jon (1994/2007). Im Alltag Ruhe finden. Meditationen für ein gelassenes Leben. Frankfurt a. M.: Fischer.

Kahneman, Daniel; Deaton, Angus (2010). High income improves evaluation of life but not emotional well-being. PNAS, 107(38), S. 16489–16493.

Kanitscheider, Bernulf (2011). Das hedonistische Manifest. Leipzig: Hirzel.

Kant, Immanuel (1788/2003). Kritik der praktischen Vernunft. Hrsg. Horst D. von Brandt und Heiner F. Klemme. Hamburg: Felix Meiner, S. 175.

Killingsworth, Matthew A.; Gilbert, Daniel T. (2010). A wandering mind is an unhappy mind. Science, 330, S. 932.

Killingsworth, Matthew A.; Kahneman, Daniel; Mellers, Barbara (2023). Income and emotional well-being: A conflict resolved. PNAS, 120, 10.

Kim, Aekyoung; Maglio, Sam J. (2018). Vanishing time in the pursuit of happiness. Psychonomic Bulletin & Review, 5, S. 1337–1342.

Kumpf, Andreas (2015). Verabredet mit dem Glück. Salzburg: Anton Pustet.

Kushner, Harold (2007). Vom Glück im Unglück. Aus Enttäuschungen im Leben lernen. Gütersloh: Gütersloher Verlagshaus.

La Rochefoucauld, François de (1980). Die französischen Moralisten. Übersetzt und herausgegeben von Fritz Schalk. München: dtv.

Larre, Claude; Robinet, Isabelle; Rochet de la Vallée, Elisabeth (1993). Les grands traités du Huainan zi. Paris: Edition du Cerf.

Lenoir, Frédéric (2015). Über das Glück. Eine philosophische Reise. München: dtv.

Lionni, Leo (2004). Frederick. Weinheim: Beltz & Gelberg.

Marquard, Odo (1995). Glück im Unglück. Philosophische Überlegungen. München: Fink Verlag.

Maslow, Abraham (1954). Motivation and personality. New York: Harper & Row.

Messner, Reinhold (2011). Die Eroberung des Nutzlosen. In: Reusch, Siegfried (Hrsg.), 18 Antworten auf die Frage nach dem Glück. Ein philosophischer Streifzug. Stuttgart: Hirzel, S. 169–178.

Mill, John Stuart (1879). Utilitarism. (Chapter 2) https://www.gutenberg.org/files/11224/11224-h/11224-h.htm (abgerufen am 20.4.2024).

Newman, Kira M. (2014). Variety is the spice of emotional life. Greater Good Magazine. https://greatergood.berkeley.edu/article/item/variety_is_the_spice_of_emotional_life#, veröffentlicht am 22. Dezember 2014 (abgerufen am 20.4.2024).

Nietzsche, Friedrich (1999). Kritische Studienausgabe in 15 Einzelbänden. Herausgegeben von Giorgio Colli und Mazzino Montinari. München: dtv.

Platon (1986). Apologie des Sokrates. Stuttgart: Reclam.

Reinhard, Rebekka (2018). Die Kraft der Philosophie. Geo, 8, S. 64–80.

Renard, Jules. Zitiert nach: Lenoir, Frédéric (2015). Über das Glück. Eine philosophische Reise. München: dtv.

Ruckriegel, Karlheinz (2010). Glück kann man nicht kaufen. Abendzeitung. Wochenende 9./10.1.2019, Nürnberg, S. 8.

Safranski, Rüdiger (2011). Jenseits des Glücks. Lebenskunst im Anschluss an Nietzsche. In: Reusch, Siegfried (Hrsg.), 18 Antworten auf die Frage nach dem Glück. Ein philosophischer Streifzug. Stuttgart: Hirzel, S. 33–47.

Sanders, Jill (2018). Glück im Unglück – Silver Cove Serie 3. Independently published.

Schiepe-Tiska, Anja; Bertrams, Alex (2015). Wirksamkeitsevaluation eines Unterrichtsprogramms zur Förderung des subjektiven Wohlbefindens, des Selbstwertgefühls und der Selbstwirksamkeitserwartung von Schülerinnen und Schülern. Unterrichtswissenschaft, 1, S. 83–96.

Schmid, Wilhelm (2007). Glück. Alles, was Sie darüber wissen müssen, und warum es nicht das Wichtigste im Leben ist. Frankfurt a. M.: Insel.

Schneider, Wolf (2007). Glück! Eine etwas andere Gebrauchsanweisung. Reinbek: Rowohlt.

Schopenhauer, Arthur (2021). Die Kunst, glücklich zu sein. München: Beck.

Schreiber, Constantin (2023). Glück im Unglück. Wie ich trotz schlechter Nachrichten optimistisch bleibe. Hamburg: Hoffmann und Campe.

Schulze, Gerhard (2008). Das schöne Leben und seine Feinde. Frankfurt a. M: Fischer.

ScienceDaily (2015). Misquotes and memes: Did Ben Franklin really say that? https://www.sciencedaily.com/releases/2015/07/150701152634.htm, veröffentlicht am 1. Juli 2015 (abgerufen am 20.4.2024).

Seligman, Martin E. P. (2005). Der Glücks-Faktor: Warum Optimisten länger leben. München: Bastei Lübbe.

Seneca (1993). Philosophische Schriften, 4 Bände, Hamburg: Felix Meiner.

Spitzer, Manfred (2011). Lernen macht glücklich. Humboldt Kosmos, 97/2011.

Stern, Nicole (2016). Das Muße-Prinzip. Wie wir wirklich im Jetzt ankommen. München: Arkana.

Thomä, Dieter (2003). Vom Glück in der Moderne. Frankfurt a. M.: Suhrkamp.

Tschechow, Anton Pawlowitsch (1983). Tagebücher – Notizbücher. Zürich: Diogenes.

Tversky, Amos; Griffin, Dale (1991). Endowments and contracts in judgements of well-being. In: Zeckhauser, Richard J. (Hrsg.), Strategy and choice. Cambridge: Massachusetts Institute of Technology, S. 297–318.

Voltaire (1761). Brief an Abbé Trublet, Ferney, 27. April 1761. https://www.gutzitiert.de/zitat_autor_voltaire_thema_lebensstil_zitat_35696.html (abgerufen am 17.06.2024).

Whillans, Ashley (2023). Zeit macht glücklich – und wie Sie mehr davon gewinnen. Havard Business Manager. https://www.manager-magazin.de/hbm/selbstmanagement/harvard-gluecks-for-schung-zeit-macht-gluecklich-a-00000000-0002-0001-0000-000164762859 (abgerufen am 21.4.2024).

Whillans, Ashley; Dunn, Elizabeth; Smeets, Paul; Bekkers, Rene; Norton Michael (2017). Buying time promotes happiness. PNAS, 114, 32, 8523–8527.

Winnicott, Donald W. (1974). Vom Spiel zur Kreativität. Stuttgart: Klett-Cotta.

Wiseman, Richard (2003). The Luck Factor. Skeptical Inquirer, The Magazine For Science And Reason, 27(3).

Wolf, Ursula (2002). Aristoteles' Nikomachische Ethik. Darmstadt: Wissenschaftliche Buchgesellschaft.